COMENTÁRIOS À LEI DE LOCAÇÕES

Durante o processo de edição desta obra, foram tomados todos os cuidados para assegurar a publicação de informações técnicas, precisas e atualizadas conforme lei, normas e regras de órgãos de classe aplicáveis à matéria, incluindo códigos de ética, bem como sobre práticas geralmente aceitas pela comunidade acadêmica e/ou técnica, segundo a experiência do autor da obra, pesquisa científica e dados existentes até a data da publicação. As linhas de pesquisa ou de argumentação do autor, assim como suas opiniões, não são necessariamente as da Editora, de modo que esta não pode ser responsabilizada por quaisquer erros ou omissões desta obra que sirvam de apoio à prática profissional do leitor.

Do mesmo modo, foram empregados todos os esforços para garantir a proteção dos direitos de autor envolvidos na obra, inclusive quanto às obras de terceiros e imagens e ilustrações aqui reproduzidas. Caso algum autor se sinta prejudicado, favor entrar em contato com a Editora.

Finalmente, cabe orientar o leitor que a citação de passagens da obra com o objetivo de debate ou exemplificação ou ainda a reprodução de pequenos trechos da obra para uso privado, sem intuito comercial e desde que não prejudique a normal exploração da obra, são, por um lado, permitidas pela Lei de Direitos Autorais, art. 46, incisos II e III. Por outro, a mesma Lei de Direitos Autorais, no art. 29, incisos I, VI e VII, proíbe a reprodução parcial ou integral desta obra, sem prévia autorização, para uso coletivo, bem como o compartilhamento indiscriminado de cópias não autorizadas, inclusive em grupos de grande audiência em redes sociais e aplicativos de mensagens instantâneas. Essa prática prejudica a normal exploração da obra pelo seu autor, ameaçando a edição técnica e universitária de livros científicos e didáticos e a produção de novas obras de qualquer autor.

LUIZ FERNANDO DO VALE DE ALMEIDA GUILHERME

COMENTÁRIOS À LEI DE LOCAÇÕES

LEI N. 8.245, DE 18 DE OUTUBRO DE 1991

2ª edição

Copyright © 2022 Editora Manole Ltda., por meio de contrato com o autor.

PRODUÇÃO EDITORIAL: Ana Cristina Garcia
CAPA: Ricardo Yoshiaki Nitta Rodrigues
PROJETO GRÁFICO Departamento Editorial da Editora Manole
DIAGRAMAÇÃO R G Passo

Dados Internacionais de Catalogação na Publicação (CIP)
(Câmara Brasileira do Livro, SP, Brasil)

Guilherme, Luiz Fernando do Vale de Almeida
Comentários à lei de locações: Lei n. 8.245, de 18 de outubro de 1991 / Luiz Fernando do Vale de Almeida Guilherme. – 2. ed. – Barueri, SP : Manole, 2022.

Inclui bibliografia e índice
ISBN 978-65-557-6815-2

1. Brasil. [Lei do inquilinato (1991)]. 2. Locação de imóveis – Brasil. I. Título.

22-76353 CDU-347.453(81)

Meri Gleice Rodrigues de Souza – Bibliotecária – CRB-7/6439

Todos os direitos reservados.
Nenhuma parte deste livro poderá ser reproduzida, por qualquer processo,
sem a permissão expressa dos editores. É proibida a reprodução por fotocópia.

A Editora Manole é filiada à ABDR – Associação Brasileira de Direitos Reprográficos.

1ª edição – 2017; 2ª edição – 2022
Data de fechamento desta edição: 10.01.2022

Editora Manole Ltda.
Alameda América, 876 – Tamboré
06543-315 – Santana de Parnaíba – SP – Brasil
Tel.: (11) 4196-6000
www.manole.com.br | http://atendimento.manole.com.br/

Impresso no Brasil
Printed in Brazil

SOBRE O AUTOR

Advogado no Brasil e em Portugal. Bacharel em Direito, Mestre e Doutor pela Pontifícia Universidade Católica de São Paulo – PUC/SP. Especialista pela UPT – Portugal e pela Universidade de Salamanca – Espanha, onde também é Pós--Doutor e Professor Visitante. Membro Efetivo de várias comissões da OAB no Brasil, do Instituto dos Advogados de São Paulo (IASP), do Instituto dos Advogados do Distrito Federal (IADF), do Instituto dos Advogados do Brasil (IAB). Faz parte do Instituto de Direito Privado (IDP), do Instituto Brasileiro de Direito Civil (IBDCivil), do Conpedi, do Instituto de Direito de Família (IBDFam), do Instituto Disruptive Law, do Instituto de Estudos Jurídicos Aplicados (IEJA) e do Comitê Brasileiro de Arbitragem (CBAr). Professor convidado do curso de pós-graduação nas Faculdades de Direito da Universidade Presbiteriana Mackenzie (UPM), da PUC/SP (Cogeae), da Fundação Armando Alvares Penteado (FAAP), da Escola Paulista da Magistratura (EPM), da Universidade Federal do Mato Grosso (UFMT), do Ebradi, da Uninove e do Complexo Educacional Damásio de Jesus. Professor do curso de graduação da Universidade Presbiteriana Mackenzie. Professor do Mestrado Profissional do Cedes. Autor de diversos artigos e livros jurídicos, entre eles: *Manual de direito civil* 5. ed., *Código Civil comentado e anotado*, 3. ed. (no prelo), e *Manual dos MESCs: meios extrajudiciais de solução de conflitos*, 2. ed. (no prelo), todos pela Editora Manole. Recebeu a Láurea do Mérito Docente pela OAB-SP.

SUMÁRIO

Lista de abreviaturas.. IX

Nota à 2ª edição XI

Introdução.. XIII

Índice sistemático da Lei de Locações.. XXI

Lei n. 8.245, de 18 de outubro de 1991 – Dispõe sobre as locações dos imóveis urbanos e os procedimentos a elas pertinentes........................... 1

Anexos

Prazos – Lei n. 8.245/91.. 129

Sobre a Lei n. 14.216, de 7 de outubro de 2021 135

Referências bibliográficas.. 139

LISTA DE ABREVIATURAS

AC – apelação cível

ADIn – ação direta de inconstitucionalidade

AI – agravo de instrumento

Ag. Reg. – agravo regimental

Art. – artigo

CC – Código Civil brasileiro

Cf. – conforme

Cit. – citado

CPC – Código de Processo Civil

Des. – desembargador

DL – decreto-lei

DOU – Diário Oficial da União

EC – emenda constitucional

ed. – edição

Espin – Emergência em Saúde Pública de Importância Nacional

j. – julgado em

Juiz Conv. – juiz convocado

L – lei

LC – lei complementar

LINDB – Lei de Introdução às normas do Direito Brasileiro

Min. – ministro

n. – número

ob. cit. – obra citada

p. – página

Proc. – processo

Prov. – provimento

RE – recurso extraordinário

REsp – recurso especial

STF – Supremo Tribunal Federal

STJ – Superior Tribunal de Justiça

TJSP – Tribunal de Justiça do Estado de São Paulo

v. – volume

NOTA À 2ª EDIÇÃO

Esta nova edição dos *Comentários à Lei de Locações – Lei n. 8.245, de 18 de outubro de 1991*, solicitada pela editora geral da prestigiada Editora Manole, Amarylis Manole, veio em bom momento.

Além do reflexo decorrente da Lei n. 14.216/2021 sobre a Lei n. 8.245/91 devido à pandemia de Covid-19, a nova interpretação que o Superior Tribunal de Justiça dá a temas como ações de despejo, renovatória e garantias como a caução faz com que esta edição seja necessária.

Espero que os operadores do direito possam trazer críticas e sugestões a esta nova edição, com a interpretação jurisprudencial brasileira da Lei ora comentada.

São Paulo (SP), 28 de dezembro de 2021.

Luiz Fernando do Vale de Almeida Guilherme

INTRODUÇÃO

A Lei n. 8.245/91 foi alterada pela Lei n. 12.112/2009, a qual modificou os deveres do inquilino resguardando o proprietário (CC, arts. 1.225, I,[1] e 1.228, *caput*[2]), posto que a lei primeiramente considerava o inquilino a figura hipossuficiente da relação, tendo sofrido novas alterações pontuais, posteriormente, pela Lei n. 12.744/2012. O art. 4º da presente lei traz a declaração expressa dessa modificação de *status* na relação jurídica. Nota-se de pronto que a principal inovação e evolução da lei se encontra no aspecto processual, de forma a incorporar novos dispositivos ao texto que visam evitar que o locatário se utilize de artimanhas processuais para que possa permanecer no imóvel às custas do locador, obrigando-o a aguardar a solução do litígio com o imóvel ocupado pelo inquilino desleal. Com a vigência do atual Código de Processo Civil (Lei n. 13.105/2015), a questão processual envolvendo relações locatícias sofreu novas alterações. Apesar de pontuais, restando caracterizado o fito da Lei n. 12.112/2009, as inovações clamam por imediata análise, por trazerem aspectos inéditos às ações previstas na Lei de Locações.

Esta Lei dispõe sobre o contrato de locação de bens imóveis residenciais e não residenciais, conforme destacado pelo art. 2.036 do Código Civil: "A locação de prédio urbano, que esteja sujeita à lei especial, por esta continua a ser regida". Nesse sentido, importante se faz destacar o conceito de contrato de locação. O saudoso Professor e colega na FMU Roberto Senise Lisboa traz que: "a locação predial é o contrato por meio do qual o locatário ou inquili-

---

1 "Art. 1.225. São direitos reais: I – a propriedade; [...]."
2 "Art. 1.228. O proprietário tem a faculdade de usar, gozar e dispor da coisa, e o direito de reavê-la do poder de quem quer que injustamente a possua ou detenha. [...]."

no obtém a transferência provisória da posse de um imóvel ou de sua fração, construído mediante o pagamento periódico de remuneração (aluguel) ao locador".[3] Por sua vez, Carlos Roberto Gonçalves trata o instituto como "o contrato pelo qual uma das partes se obriga a conceder à outra o uso e gozo de uma coisa não fungível, temporariamente e mediante remuneração".[4] Para Sílvio de Salvo Venosa,

> a locação, dentro do conceito romano tradicional, é contrato pelo qual um sujeito se compromete, mediante remuneração, a facultar a outro, por certo tempo, o uso e gozo de uma coisa (locação de coisas); a prestação de um serviço (locação de serviços); ou a executar uma obra (empreitada).[5]

Já Caio Mário da Silva Pereira define o contrato de locação como "o contrato pelo qual uma pessoa se obriga a ceder temporariamente o uso e o gozo de uma coisa não fungível, mediante certa remuneração".[6] Maria Clara Falavigna diz que "o contrato está definido em lei e nasce quando alguém cede a outra pessoa o uso e o gozo de uma coisa infungível, por tempo determinado ou não, mediante uma retribuição".[7]

Para Clóvis Beviláqua, a locação ou o contrato de locação se refere ao

> contrato pelo qual uma das partes, mediante remuneração paga pela outra, se compromete a fornecer-lhe, durante certo lapso de tempo, o uso e gozo de uma coisa infungível, a prestação de um serviço apreciável economicamente ou a execução de alguma obra determinada.[8]

Na definição de locação, destacam-se três princípios, isto é, o tempo, o objeto e o mencionado preço. No que concerne ao primeiro, o tempo, vale dizer que é negócio variável, o que faz com que possa, basicamente, ser contemplado com um prazo determinado ou indeterminado. Se a codificação atual não estipula prazo de duração para a avença, anteriormente ao Código Civil brasileiro de 1916, ainda com as relações regradas pelas Ordenações, o aluguel ajustado por mais de dez anos detinha a natureza de direito real,

---

3 *Manual de direito civil*: contratos, 2009, p. 229.
4 *Direito civil brasileiro*: contratos e atos unilaterais, 2010, p. 306.
5 *Direito civil*: contratos em espécie, 2008, p. 118.
6 *Instituições de direito civil*: contratos, 2009, p. 229.
7 HIRONAKA, Giselda Maria Fernandes Novaes et al. *Direito civil*: direito dos contratos, 2008, p. 285.
8 *Apud* DINIZ, Maria Helena. *Curso de direito civil brasileiro*: teoria das obrigações contratuais e extracontratuais, v. 3, p. 209.

assim como no Direito romano. No direito alienígena atual, por exemplo, existe estipulação máxima, assim como se vê no México, de dez anos, e na Itália, de trinta anos.

Com relação ao objeto (art. 104, II, CC), pode ser um serviço, ou também o fornecimento de algo acrescido de serviços, assim como se depreende de empreitada[9] de trabalho e materiais. Nesse segmento, a coisa concedida não significa objeto de locação, já que é transferida para o domínio do dono do negócio.

Faz-se plausível a distinção entre a locação de coisas e a locação de prédios, já que o legislador promove tal diferenciação. A locação de coisas pode estar adstrita à locação de bens móveis e imóveis. Em tempo, importa discorrer que, se a tratativa for da locação dos bens móveis, devem ser estes infungíveis, uma vez que "se a coisa cujo uso se concede fungível, o contrato degenera mútuo".[10]

Pois bem, a locação de coisas, entretanto, pode ter como objeto um labor intelectual, físico ou também a empreitada de uma obra para a qual o arrendador se compromete a ceder simplesmente sua atividade de trabalho, ou seus materiais e seu trabalho.

Quanto ao preço, não é necessário que seja disposto em dinheiro, de modo que é possível ser registrado com bens de outra espécie. Porém, pode ser estipulado em frutos da coisa ou em benfeitorias e construções feitas pelo arrendatário. O preço é devido ao locador por todo o tempo que a coisa estiver à disposição do locatário, independentemente da circunstância de usá-la efetivamente.[11]

A caracterização jurídica da locação denota um contrato pessoal, oneroso, comutativo, consensual e de execução sucessiva. É um contrato pessoal porque gera um direito de crédito. Assim, mesmo quando, por força de lei ou convenção, existir o dever de respeitá-lo o terceiro-adquirente, isso não constitui um ônus factual. Não chega, todavia, a ser de natureza personalíssima, como muito bem salienta o nobre jurista Caio Mário da Silva Pereira,

---

9 Empreitada tem derivação grega de *empractus* (o que faz), e a terminologia designa, em sentido global, aquilo que é feito por ofício de outrem, seja por si ou por sua função. No aspecto jurídico, "é o contrato em virtude do qual um dos contratantes comete a outro a execução de um determinado serviço, mediante certa retribuição proporcional ao serviço executado, ou a que for ajustada" (SILVA, De Plácido et al. *Vocabulário jurídico*, 2004).

10 RODRIGUES, Silvio. *Direito civil*: dos contratos e das declarações unilaterais da vontade, 2002, v. 3, p. 220.

11 ENNECCERUS; KIPP; WOLF. *Tratado de derecho civil*: derecho de obrigaciones, v. 2, § 127. In: MENDONÇA, Manuel Inácio Carvalho de. *Contratos no direito civil brasileiro*, v. 2, n. 179.

já que "não se constitui *intuitu personae*, ao contrário, a sua transmissibilidade a terceiros, por ato entre vivos ou *mortis causa*, é prevista e regulada em lei".[12]

Reveste-se de onerosidade e bilateralidade, propiciando benefícios e vantagens a ambas as partes, de modo que as duas tenham direito à respectiva prestação.

É comutativo, pois que "cada uma das partes, desde o momento da feitura do ajuste, pode antever e avaliar a prestação que lhe será fornecida e que, menos subjetivamente, é equivalente da prestação que se dispõe a dar".[13]

Ademais, diz-se consensual, uma vez que se estabelece a partir da autonomia da vontade emanada e em via comum. É o elemento anímico da locação que enseja o vínculo jurídico. Fica, como em qualquer contrato, subordinado à capacidade das partes, podendo estar eivada de algum vício que alcança qualquer negócio jurídico.

Não é solene, uma vez que a lei não declara uma formalização determinada para o seu aperfeiçoamento. Vale por instrumento público ou pelo particular, com qualquer que seja o valor assumido. Não se afasta, dessa forma, do Direito romano, que "o inscrevia entre as quatro modalidades de contrato que se formavam *solo consensu* [...], e assentava a sua perfeição no acordo quanto à coisa e ao preço".[14]

Finalizando a classificação contratual, é de execução sucessiva – continuada –, já que renasce de maneira contínua, não terminando com o pagamento, que tem meramente o efeito de solver o débito referente a cada estágio.

No entanto, como destacado no texto de Silvio Rodrigues, a locação é uma modalidade deveras essencial na história do direito civil pátrio e recebeu alguma alteração em sua roupagem a partir das modificações à Lei n. 8.245/91 – Lei de Locações –, por meio da Lei n. 12.112/2009, perfazendo-se assim a nova Lei de Locações, bem como as recentes alterações trazidas ao aspecto processual pelo CPC/2015. Certamente não houve transformação no bojo da norma que significasse ruptura abrupta com o ordenamento anterior, ainda que determinados direitos e possibilidades tenham sido mais bem delineados.

Abandonando brevemente a apreciação das definições nacionais, diga-se de passagem, não menos essenciais, interessa olhar para os comentários trazidos à luz de outros Códigos Civis.

---

12 PEREIRA, op. cit., 2009, v. 3, p. 230.
13 RODRIGUES, op. cit., 2002, v. 3, p. 219.
14 MAZEUD et MAZEUD, *apud* PEREIRA, op. cit., 2009, v. 3, p. 239.

CODIFICAÇÕES ESTRANGEIRAS – DIREITO COMPARADO

Destaca-se o *contrato de locação* em outros Códigos, e inaugura a referência o Diploma Civil italiano, em seu Capítulo VI, Seção I, art. 1.571. *In verbis*:

> Art. 1.571 (Noção) A locação é o contrato pelo qual uma parte se obriga a permitir à outra o gozo de uma coisa móvel ou imóvel por um dado tempo, contra uma determinada retribuição.[15]

Ainda em solo europeu, o Código Civil Napoleônico ilustra a figura da locação de coisas em seu art. 1.709:

> Art. 1.709. A locação de coisas é um contrato pelo qual uma das partes se obriga a permitir à outra o gozo de uma coisa durante certo tempo, e mediante um certo preço que esta se obriga a lhe pagar.[16]

Não encerrando a questão, a não menos renomada codificação civilista alemã, o BGB, também apresenta disposição sobre a matéria da locação, de acordo com seu art. 535:

> Locação (*Miete*)
> Art. 535 (Natureza do contrato de locação) Pelo contrato de locação, está o locador obrigado a proporcionar ao locatário o uso da coisa locada durante o tempo da locação. O locatário está obrigado a pagar, ao locador, o aluguel convencionado.[17]

Como último exemplo de diplomas estrangeiros, trazendo a uma realidade do continente sul-americano, o *Codex* da Colômbia oferece sua análise no art. 1.973 da seguinte maneira:

> Art. 1.973 – Definição
> A locação é um contrato em que ambas as partes concordam reciprocamente, uma para conceder o gozo de uma coisa, ou para executar um trabalho ou prestar um serviço, e a outra para pagar por esse gozo, trabalho ou serviço a um preço determinado.[18]

---

15 DINIZ, Sousa (trad.). *Código Civil italiano*, 1961, p. 242.
16 Idem, *Código Civil francês*, 1963, p. 237.
17 Idem, *Código Civil alemão*, 1960, p. 95.
18 "Art. 1.973 – Definición. El arrendamiento es un contrato en que las dos partes se obligan recíprocamente, la una a conceder el goce de una cosa, o a ejecutar una obra o

XVIII | COMENTÁRIOS À LEI DE LOCAÇÕES

Isso posto, a locação determina o fazimento de um enlace entre partes que dispõe o locador, ou senhorio ou o arrendador, e o locatário, ou inquilino, ou arrendatário; e, ainda, o preço que se intitula também renda, aluguer ou aluguel. Ou seja, é o liame jurídico que interliga partes, de modo que uma fornece determinada quantia ou cumprimento de obrigação a outra, ao longo de algum lapso de tempo, em troca do uso e do gozo de um objeto ou espaço, durante certo período.

HISTÓRICO

Partindo do Direito romano como aparelho disseminador de saber e fonte inicial de pesquisa pelas notórias contribuições à ciência jurídica, houve, no começo, a confusão entre locação e compra e venda, empregando-se mesmo os vocábulos *locare* e *vendere* de maneira sinonímica. Já naquele espaço temporal, existia referência quanto à locação de animais de tiro, chegando aos escravos.

A rigor, foi no século II antes de Cristo que a locação de terras passou a ser realmente um instrumento factível, com a ideia de que as terras podiam ser dadas em locação.

> Na terminologia romana, o contrato sempre foi designado no seu duplo aspecto, do locador que cede e do locatário que recebe a cessão de uso, e chamou-se *locatio-conductio*, que desapareceu com o tempo, ao contrário da *emptio-venditio*, que se conservou como *compra e venda*.[19]

A locação fora caracterizada no antigo Direito português. Na verdade, era abarcada no gênero empréstimo. Não encontrou, ainda assim, mesmo posteriormente, regime legal perfeito, tanto nas Ordenações como em normatizações subsequentes.

O Código Comercial de 1850 tratou e regulamentou essa avença, mas ela apresentava delineação da locação mercantil em mecanismos não dispostos exclusivamente ao contrato comercial. Coube ao Código Civil brasileiro de 1916, em seus arts. 1.188 e seguintes, formular a disciplina. No entanto, como assevera o mestre Caio Mário da Silva Pereira,

> cedo, porém, a crise de habitação, provocada pela I Guerra Mundial, reclamou providências legislativas, inaugurando-se o regime especial do Inquilinato (com o Decreto Legislativo n. 4.403, de 02 de dezembro de 1921), o qual perdurou até

---

prestar un servicio, y la otra pagar por este goce, obra o servicio un precio determinado." (GONZÁLEZ, Álvaro Tafur. *Código Civil anotado*, 2010, p. 518).
19 PEREIRA, op. cit., 2009, v. 3, p. 232.

o ano de 1928, quando o Decreto n. 5.617 o aboliu e restaurou o sistema de Código Civil. Pouco a pouco as restrições foram aparecendo ao princípio da liberdade de contratar e instituindo o dirigismo estatal franco.[20]

Em seguida se institucionalizou o Decreto n. 24.150, de 20 de abril de 1943, com o fito de proteger o fundo de comércio. Este apregoava a renovação obrigatória da locação comercial. Mais tarde, nova problemática apareceu com os reflexos da Segunda Guerra Mundial, e surgiu o DL n. 4.598/42, criado em natureza emergencial, mas sempre sendo renovado, formatando novo regime à locação, até se perfazer a Lei n. 8.245, de 18 de outubro de 1991, intitulada Lei do Inquilinato, que foi reformada em 2009, tratando dos prédios urbanos, residenciais e não residenciais.

A codificação civilista vigente normatizou os objetos de locação que não eram imóveis regulados por aquela específica lei ou pelo Estatuto da Terra. Assim, a nova Lei de Locações, analisada na sequência, trouxe a roupagem praticamente contemporânea das locações no Direito brasileiro. O CPC/2015, por seu turno, modificou os procedimentos relativos às ações de despejo, revisional de aluguel, consignação de aluguel e renovatória da locação, como se verificará.

---

20   Ibidem, v. 3, p. 232.

ÍNDICE SISTEMÁTICO DA LEI DE LOCAÇÕES

Título I – Da Locação – arts. 1º a 57 1

Capítulo I – Disposições Gerais – arts. 1º a 45 1

Seção I – Da Locação em Geral – arts. 1º a 13 1

Seção II – Das Sublocações – arts. 14 a 16 18

Seção III – Do Aluguel – arts. 17 a 21 ... 19

Seção IV – Dos Deveres do Locador e do Locatário – arts. 22 a 26 22

Seção V – Do Direito de Preferência – arts. 27 a 34 35

Seção VI – Das Benfeitorias – arts. 35 e 36 40

Seção VII – Das Garantias Locatícias – arts. 37 a 42 41

Seção VIII – Das Penalidades Criminais e Civis – arts. 43 e 44 53

Seção IX – Das Nulidades – art. 45 56

Capítulo II – Das Disposições Especiais – arts. 46 a 57 57

Seção I – Da Locação Residencial – arts. 46 e 47 57

Seção II – Da Locação para Temporada – arts. 48 a 50 61

Seção III – Da Locação não Residencial – arts. 51 a 57 65

Título II – Dos Procedimentos – arts. 58 a 75 82

Capítulo I – Das Disposições Gerais – art. 58 82

Capítulo II – Das Ações de Despejo – arts. 59 a 66 85

Capítulo III – Da Ação de Consignação de Aluguel e Acessórios da Locação – art. 67 101

Capítulo IV – Da Ação Revisional de Aluguel – arts. 68 a 70 107

Capítulo V – Da Ação Renovatória – arts. 71 a 75 112

Título III – Das Disposições Finais e Transitórias – arts. 76 a 90 122

LEI N. 8.245,
DE 18 DE OUTUBRO DE 1991

*Dispõe sobre as locações dos imóveis urbanos
e os procedimentos a elas pertinentes.*

O PRESIDENTE DA REPÚBLICA:

Faço saber que o CONGRESSO NACIONAL decreta e eu sanciono a seguinte Lei:

TÍTULO I
DA LOCAÇÃO

CAPÍTULO I
DISPOSIÇÕES GERAIS

Seção I
Da Locação em Geral

Art. 1º A locação de imóvel urbano regula-se pelo disposto nesta Lei.

Notável a falha do legislador quando não especificou corretamente o que se entende por imóveis urbanos, gerando então dúvida naqueles que possuem a função de interpretar e aplicar o texto legal. Observada tal falha, os operadores do Direito, tais como advogados e magistrados, necessitam analisar jurisprudência e doutrinas para que assim possam efetivamente dar a real aplicabilidade da presente lei. Delimitando-se então sob duas óticas predominantes, o imóvel urbano pode ser definido por sua localização ou por sua destinação.

Emprega-se hodiernamente a definição do imóvel urbano pela sua destinação, ou seja, caracteriza-se imóvel urbano independentemente de sua localização estar inserta no perímetro urbano, sendo primordial que se analise a quê o imóvel se predispõe. No caso do urbano, adota-se como critério a utilização comumente reconhecida como urbana, que, a título exemplificativo, são os escritórios, moradias familiares, fábricas, comércio entre outros, ao passo que no imóvel rural sua caracterização se dá por aqueles imóveis que são utilizados para atividades agrícolas, pecuaristas ou agroindustriais.[1] A diferenciação inicial é de suma importância quando a própria lei especifica o diploma legal a ser utilizado para que se regule com eficiência as relações locatícias, uma vez que este artigo determina que só serão reguladas por esta lei aquelas que possuírem finalidade estritamente urbana. Ou seja, a destinação a que se propõe o imóvel é fator preponderante para que se possa distinguir a aplicação correta da lei.

Parágrafo único. Continuam regulados pelo Código Civil e pelas leis especiais:
Refere-se ao CC/1916.
Veja arts. 565 a 578 e 2.036, CC/2002.

O parágrafo único trata das exclusões que a presente lei faz em relação às locações em geral. Ou seja, em linhas gerais, todas as locações que se definirem como urbanas, excetuando-se as hipóteses que se enquadram em algum dos itens seguintes, estão dentro da área de atuação desta lei. Sendo assim, os incisos seguintes continuam sendo regulados pelo Código Civil. Aliás, o Diploma Civil traz, nos arts. 565 a 578,[2] as disposições sobre a locação de coisas (de modo

---

1 Definição atribuída pelo art. 4º da Lei n. 4.504/64 – Estatuto da Terra.
2 "Art. 565. Na locação de coisas, uma das partes se obriga a ceder à outra, por tempo determinado ou não, o uso e gozo de coisa não fungível, mediante certa retribuição. Art. 566. O locador é obrigado: I – a entregar ao locatário a coisa alugada, com suas pertenças, em estado de servir ao uso a que se destina, e a mantê-la nesse estado, pelo tempo do contrato, salvo cláusula expressa em contrário; II – a garantir-lhe, durante o tempo do contrato, o uso pacífico da coisa. Art. 567. Se, durante a locação, se deteriorar a coisa alugada, sem culpa do locatário, a este caberá pedir redução proporcional do aluguel, ou resolver o contrato, caso já não sirva a coisa para o fim a que se destinava. Art. 568. O locador resguardará o locatário dos embaraços e turbações de terceiros, que tenham ou pretendam ter direitos sobre a coisa alugada, e responderá pelos seus vícios, ou defeitos, anteriores à locação. Art. 569. O locatário é obrigado: I – a servir-se da coisa alugada para os usos convencionados ou presumidos, conforme a natureza dela e as circunstâncias, bem como tratá-la com o mesmo cuidado como se sua fosse; II – a pagar pontualmente o aluguel nos prazos ajustados, e, em falta de ajuste, segundo o costume do lugar; III – a levar ao conhecimento do locador as turbações de terceiros, que se pretendam fundadas em direito; IV – a restituir a coisa, finda a locação, no estado em que a recebeu, salvas as

ALMEIDA GUILHERME

geral, será a locação de bens móveis e ainda as exceções trazidas abaixo) que regem alguns dos dispositivos a seguir.

---

a) as locações:

As locações enumeradas abaixo serão regulamentadas pelo Código Civil e por leis especiais.

---

1) de imóveis de propriedade da União, dos Estados e dos Municípios, de suas autarquias e fundações públicas;
Item regulado pela Lei n. 8.666/93 e pelo DL n. 9.760/46, cuja matéria cinge-se aos contratos administrativos, posse e propriedade dos bens públicos.

Por definição, o bem público é de natureza diversa dos bens particulares, não se sujeitando às regras que lá se aplicam.

O patrimônio público é de interesse coletivo e prepondera em detrimento dos demais, não podendo, em hipótese alguma, para os efeitos desta lei, sujeitar-se

---

deteriorações naturais ao uso regular. Art. 570. Se o locatário empregar a coisa em uso diverso do ajustado, ou do a que se destina, ou se ela se danificar por abuso do locatário, poderá o locador, além de rescindir o contrato, exigir perdas e danos. Art. 571. Havendo prazo estipulado à duração do contrato, antes do vencimento não poderá o locador reaver a coisa alugada, senão ressarcindo ao locatário as perdas e danos resultantes, nem o locatário devolvê-la ao locador, senão pagando, proporcionalmente, a multa prevista no contrato. Parágrafo único. O locatário gozará do direito de retenção, enquanto não for ressarcido. Art. 572. Se a obrigação de pagar o aluguel pelo tempo que faltar constituir indenização excessiva, será facultado ao juiz fixá-la em bases razoáveis. Art. 573. A locação por tempo determinado cessa de pleno direito findo o prazo estipulado, independentemente de notificação ou aviso. Art. 574. Se, findo o prazo, o locatário continuar na posse da coisa alugada, sem oposição do locador, presumir-se-á prorrogada a locação pelo mesmo aluguel, mas sem prazo determinado. Art. 575. Se, notificado o locatário, não restituir a coisa, pagará, enquanto a tiver em seu poder, o aluguel que o locador arbitrar, e responderá pelo dano que ela venha a sofrer, embora proveniente de caso fortuito. Parágrafo único. Se o aluguel arbitrado for manifestamente excessivo, poderá o juiz reduzi-lo, mas tendo sempre em conta o seu caráter de penalidade. Art. 576. Se a coisa for alienada durante a locação, o adquirente não ficará obrigado a respeitar o contrato, se nele não for consignada a cláusula da sua vigência no caso de alienação, e não constar de registro. § 1º O registro a que se refere este artigo será o de Títulos e Documentos do domicílio do locador, quando a coisa for móvel; e será o Registro de Imóveis da respectiva circunscrição, quando imóvel. § 2º Em se tratando de imóvel, e ainda no caso em que o locador não esteja obrigado a respeitar o contrato, não poderá ele despedir o locatário, senão observado o prazo de noventa dias após a notificação. Art. 577. Morrendo o locador ou o locatário, transfere-se aos seus herdeiros a locação por tempo determinado. Art. 578. Salvo disposição em contrário, o locatário goza do direito de retenção, no caso de benfeitorias necessárias, ou no de benfeitorias úteis, se estas houverem sido feitas com expresso consentimento do locador."

aos institutos protecionistas que aqui são defendidos. Até porque descabido seria que o interesse público fosse colocado em segundo plano para que o interesse do particular fosse atendido, conceito esse que seria ofensivo a todos os postulados do direito administrativo, bem como aos princípios fundadores do próprio Estado.

---

2) de vagas autônomas de garagem ou de espaços para estacionamento de veículos;

A classificação das vagas de garagem prevista no art. 1.338[3] do Código Civil é clara quando se analisa seu real propósito. É justificada sua ausência da égide desta lei quando observa-se que elas não possuem a função residencial e tampouco constituem estabelecimento comercial. Porém, nesta última classificação, é imperioso destacar que empresas especializadas em estacionamento de veículos mediante cobrança, que prestam o serviço de manobrista e exercem, portanto, atividade econômica, vêm sendo merecedoras da proteção desta lei de forma a garantir a devida defesa ao fundo de comércio desenvolvido por elas, como será detalhadamente explanado posteriormente. Brilhantemente, o Superior Tribunal de Justiça – STJ emite comandos reiterados, de forma a reconhecer a atividade empresarial exercida por quem explora o serviço de estacionamento, quando prolata que: "Constatando-se, da sua simples leitura, que o contrato firmado entre as partes expressamente prevê que será regido pelas disposições da Lei n. 8.245/91 – Lei de Locações –, bem como que seu objeto constitui-se na locação de área urbana de estacionamento para que a empresa Ré explore a atividade empresarial objeto de seu contrato social; é de se reconhecer a incidência da Lei n. 8.245/91. Recurso especial parcialmente conhecido e, nessa parte, provido" (STJ, REsp n. 1.046.717/RJ, rel. Min. Laurita Vaz, j. 19.03.2009, v.u.).

---

3) de espaços destinados à publicidade;

Considera-se espaço destinado à publicidade aquele que visa expor determinado produto ou serviço com o propósito de dar notoriedade pública, utilizando-se de propriedade alheia na forma de *outdoors*, pinturas em muros, faixas, *banners* e itens correlatos que atendam os propósitos publicitários. Dessa maneira, o legislador expressamente exclui desta lei essas hipóteses de locação, pois de forma alguma atendem os propósitos que aqui são defendidos,

---

3 "Art. 1.338. Resolvendo o condômino alugar área no abrigo para veículos, preferir-se-á, em condições iguais, qualquer dos condôminos a estranhos, e, entre todos, os possuidores."

tampouco merecem proteção especial, até porque é da natureza das campanhas publicitárias a volatilidade e efemeridade, não necessitando de proteção, pois não geram fundo de comércio.[4]

---

4) em apart-hotéis, hotéis-residência ou equiparados, assim considerados aqueles que prestam serviços regulares a seus usuários e como tais sejam autorizados a funcionar;

Com definição trazida pela Lei n. 11.771/2008, o permissivo legal supramencionado busca excluir essas modalidades, observando que esse tipo de moradia consiste não apenas na residência e sim na prestação de serviços obrigatórios ou opcionais, além do que a lei expressamente os exclui da proteção deste diploma legal.

---

b) o arrendamento mercantil, em qualquer de suas modalidades.

A Lei n. 7.132/83 traz o procedimento, bem como a definição do que é considerado arrendamento mercantil.

O chamado *leasing* possui características próprias que muito divergem e se distanciam da conceituação de locação, possuindo então legislação e natureza próprias, sendo descabida a inclusão dessa modalidade sob a proteção da Lei de Locações.

Observando-se os postulados da Lei n. 7.132/83, o *leasing* é negócio jurídico realizado entre pessoa jurídica, na qualidade de arrendadora, e pessoa jurídica ou física, na qualidade de arrendatária, que possui como objeto o arrendamento de bens adquiridos pela arrendadora segundo especificações do arrendatário para sua própria utilização.

O contrato de arrendamento mercantil é fórmula intermediária entre a locação pura e a compra e venda; trata-se de contrato de locação *sui generis* com consignação de compra e venda, não se confundindo com locação com promessa de compra e venda. É, na verdade, uma espécie de financiamento a médio ou longo prazo em que o arrendatário utiliza o bem arrendado mediante remuneração, pagando-o em parcelas que são inicialmente realizadas em caráter de aluguel à empresa arrendadora. Porém, o arrendatário, ao final do contrato de *leasing*, pode optar por permanecer com o bem mediante compra e venda. Se assim for feito, os valores pagos a título de aluguel serão abatidos do valor

---

4   Lembre-se de que alguns municípios vedam a vinculação de dados publicitários na cidade (p. ex.: Prefeitura Municipal de São Paulo).

total do bem, aspecto esse que é o principal diferencial da locação com opção de compra, pois neste último os aluguéis são puramente aluguéis, devendo o locatário pagar o valor integral do bem, sendo que o locador se compromete a vendê-lo ao final do contrato de locação.

Art. 2º Havendo mais de um locador ou mais de um locatário, enten-de-se que são solidários se o contrário não se estipulou.

Neste artigo observa-se hipótese em que os devedores são considerados solidários (art. 265, CC), destacando-se que a obrigação solidária não se presume e sim ocorre derivada de lei, como se configura no caso que se apresenta. Observa-se que no caso são devedores solidários legais que deverão assumir a dívida no seu todo, cabendo o direito de regresso contra o outro. Nessa modalidade, o credor não necessita obedecer a benefício de ordem como é de característica da fiança (arts. 818 a 839, CC), podendo então cobrar o cumprimento obrigacional de qualquer um a qualquer tempo, desde que vencida a dívida.

A obrigação solidária é a forma que a lei, por um lado, encontrou para que se proteja a obrigação contraída pelos devedores em função do credor e, de outro lado, a lei também resguarda a equidade entre os devedores para que os dois sejam igualmente obrigados a saldar a dívida de forma igualitária. Possibilita-se que o credor cobre igualmente dos dois, ou cobre somente de um deles, ensejando direito de regresso de um credor contra o outro.

Parágrafo único. Os ocupantes de habitações coletivas multifamiliares presumem-se locatários ou sublocatários.

Consistem em habitações coletivas multifamiliares aqueles imóveis subdivididos com a intenção de que sejam estabelecidas residências para diversas pessoas, gozando assim de proteção específica. É de suma importância que as condições estabelecidas para essas moradias, tais como divisão de obrigações, fração a ser utilizada por cada família, bem como divisão de despesas em geral, sejam reduzidas a termo no formato de contrato de locação. Seria, pois, uma espécie de *composse locatícia* (art. 1.198, CC).

A previsão legal da existência de habitações coletivas é uma percepção necessária e inovadora do legislador, uma vez que essa é uma das formas – mais conhecida como cortiços – que a sociedade conseguiu encontrar para que seja solucionado o problema da moradia. Presumem-se hipossuficientes aqueles que lá residem, já que sempre estiveram desprotegidos até a guarida da novel legislação, que busca equipará-los a locatários ou sublocatários, integrando a eles as devidas proteções da presente lei.

Art. 3º O contrato de locação pode ser ajustado por qualquer prazo, dependendo de vênia conjugal, se igual ou superior a dez anos.

De acordo com o art. 1.647[5] do Código Civil, dependem de outorga uxória ou marital os itens nele elencados, sendo que, muito embora o contrato de locação que defina prazo igual ou superior a dez anos não conste naquele rol, a presente lei amplia os casos em que é necessária a anuência do cônjuge, devendo então, por força de lei, haver o consentimento concomitante tanto pelo contrato como pela sua renovação.

A importância da vênia conjugal se encontra no fato de que é necessário que se proteja o direito à meação do cônjuge, pois o contrato de locação avençado por longo tempo constitui grande restrição do patrimônio do casal, tendo em vista que os bens são de propriedade da sociedade conjugal e não de um ou de outro, devendo os dois no caso de alienação do bem. No caso apresentado neste artigo, é necessário ao cônjuge fornecer sua expressa concordância para que o negócio jurídico seja interpretado como fruto da vontade do casal, e não de somente um em detrimento do outro.

Observa-se que no mesmo dispositivo o legislador consagra o princípio da autonomia da vontade, quando não estabelece prazo limite para o contrato de locação, deixando ao critério dos contratantes o estabelecimento desse prazo. Aplica-se também este artigo no caso de união estável entre companheiros.

Parágrafo único. Ausente a vênia conjugal, o cônjuge não estará obrigado a observar o prazo excedente.

O parágrafo único traz expressa a proteção ao patrimônio e a viabilidade de se pleitear judicialmente a declaração de ineficácia do contrato de locação por ausência de vênia correspondente ao prazo que se excedeu. Não se trata de invalidade do contrato, pois este gerou todos os efeitos pretendidos bem como foi revestido da mais perfeita forma da lei. Trata-se de declaração de ineficácia do contrato, no que corresponde somente ao prazo que foi excedido na ausência da vênia conjugal. Declarada a ineficácia do contrato, o inquilino que ocupa o imóvel estará fazendo-o de forma irregular, ensejando a respectiva ação de

---

5 "Art. 1.647. Ressalvado o disposto no art. 1.648, nenhum dos cônjuges pode, sem autorização do outro, exceto no regime da separação absoluta: I – alienar ou gravar de ônus real os bens imóveis; II – pleitear, como autor ou réu, acerca desses bens ou direitos; III – prestar fiança ou aval; IV – fazer doação, não sendo remuneratória, de bens comuns, ou dos que possam integrar futura meação. Parágrafo único. São válidas as doações nupciais feitas aos filhos quando casarem ou estabelecerem economia separada."

despejo, em que o cônjuge inconformado é parte legítima para figurar no polo ativo da contenda.

Art. 4º Durante o prazo estipulado para a duração do contrato, não poderá o locador reaver o imóvel alugado. Com exceção ao que estipula o § 2º do art. 54-A, o locatário, todavia, poderá devolvê-lo, pagando a multa pactuada, proporcional ao período de cumprimento do contrato, ou, na sua falta, a que for judicialmente estipulada.
Caput *com redação dada pela Lei n. 12.744, de 19.12.2012.*
Veja arts. 412 e 413, CC/2002.

Delineiam-se neste dispositivo os direitos e deveres do locador/locatário, de acordo com os quais o locador deve se comprometer a cumprir o contrato em sua integridade até que este se finde. Em contraponto, não justifica que o locatário seja obrigado a permanecer com o imóvel, posto que o interesse do locador é a pecúnia, que será devida pelo locatário em caso de devolução do imóvel proporcionalmente ao tempo de cumprimento do contrato. Essa multa deverá ser estipulada contratualmente e, no caso de ausência dessa estipulação, o arbitramento e definição de valores ocorrerão em juízo.

Importante destacar que este *caput* foi alterado pela Lei n. 12.112/2009, que aperfeiçoou as regras e procedimentos sobre a locação de imóvel urbano.

Parágrafo único. O locatário ficará dispensado da multa se a devolução do imóvel decorrer de transferência, pelo seu empregador, privado ou público, para prestar serviços em localidades diversas daquela do início do contrato, e se notificar, por escrito, o locador com prazo de, no mínimo, trinta dias de antecedência.

É isento o locatário que se viu obrigado a devolver o imóvel por força alheia à sua vontade e que notificou o locador por escrito com antecedência mínima do prazo decadencial de trinta dias, caso a força que o obrigou seja de ordem empregatícia. Se o empregador, seja de qual esfera for, determinar que o empregado deve prestar serviço em localidade diversa, este deverá fazê-lo. Não é justo e muito menos lógico que permaneça com o contrato de locação em plena vigência sem a sua devida utilização.

Entende-se por localidade diversa aquela que torna a ida e vinda ao trabalho muito dispendiosa ou que inviabilize o trânsito entre o trabalho e a residência, e é de bom grado que se avalie a possibilidade de fazê-lo. Dessa forma, deve-se, no mínimo, considerar localidade diversa aquela que se situa em outro município, devendo-se avaliar caso a caso a aplicabilidade deste dispositivo.

Art. 5º Seja qual for o fundamento do término da locação, a ação do locador para reaver o imóvel é a de despejo.

A ação de despejo é a ação que não possui caráter possessório, pois não possui como fundamento o esbulho[6] ou turbação[7] da posse, uma vez que ela foi originada de ato lícito, oriundo de ato jurídico perfeito protegido pela Constituição Federal,[8] podendo então somente ser desfeito pelas hipóteses que a lei determina. Seu escopo, como objetivo da ação, é o encerramento da relação *ex locato*, e seu objetivo emergencial é a desocupação do imóvel, que poderá ser concedida de pronto em sede de medida liminar.

A ação de despejo se mostra como único meio adequado para que se pleiteie a desocupação do imóvel independentemente do fundamento que ensejou o término da locação, não importando aqui se o contrato de locação era por tempo indeterminado ou determinado, ou se o desfazimento do vínculo locatício se deu por conta do inadimplemento por parte do locatário. Traz o referido dispositivo competência exclusiva da ação de despejo para que se legitime a retomada do imóvel.

É exclusiva da modalidade urbana de locação a ação de despejo,[9] cujo polo passivo é exclusivo do inquilino, sendo que se a posse se deu por meio precário, comodato ou ocupação indevida, a natureza da ação é possessória, com intuito reintegratório e reivindicatório.

---

6   Esbulho "é a privação injusta da posse, sofrida por quem legitimamente a tinha. A privação da posse, decorrente de esbulho, indica somente a ocorrência de violência, clandestinidade ou abuso de confiança" (FRANÇA, Rubens Limongi. *Enciclopédia Saraiva do Direito*, 1977, v. 32, p. 545).
7   "Na linguagem comum turbação significa o ato que acarreta tumulto, perturbação ou desordem. Na terminologia jurídica designa o ato, praticado por alguém, do qual decorre violação de direitos alheios ou impedimento do exercício de direitos alheios" (Ibidem, 1977, v. 75, p. 317).
8   CF, art. 5º: "Todos são iguais perante a lei, sem distinção de qualquer natureza, garantindo-se aos brasileiros e aos estrangeiros residentes no País a inviolabilidade do direito à vida, à liberdade, à igualdade, à segurança e à propriedade, nos termos seguintes: [...] XXXVI – a lei não prejudicará o direito adquirido, o ato jurídico perfeito e a coisa julgada; [...]".
9   O Código de Processo Civil – CPC possui regência complementar na regulação das ações cuja matéria envolva relações locatícias, nos termos do art. 79 da Lei n. 8.245/91: "No que for omissa esta lei aplicam-se as normas do Código Civil e do Código de Processo Civil".

Parágrafo único. O disposto neste artigo não se aplica se a locação termina em decorrência de desapropriação, com a imissão do expropriante na posse do imóvel.

Traz a lei em comento, neste parágrafo único, a exceção ao *caput* ao prever que o contrato de locação se resolve[10] no caso de desapropriação, ou seja, quando o Estado, no exercício do seu poder de império, por meio de decreto expropriatório, impede que o locatário cumpra com sua obrigação, mas, ao mesmo tempo, impede que o locador possa reaver o imóvel, resolvendo-se a questão em perdas e danos para ambas as partes.[11] O locatário atingido pelo decreto expropriatório faz jus a indenização, porém ela não será pleiteada no procedimento desapropriatório, posto que este segue o princípio de indenização única, devendo então ser reivindicada em procedimento próprio contra o Poder Público. Isso porque desapropriação é hipótese de aquisição originária do bem, devendo o locatário buscar o amparo do Poder Judiciário para que tenha a justa indenização,[12] incluindo-se nesta o fundo de comércio eventualmente estabelecido, bem como os lucros cessantes.

Art. 6º O locatário poderá denunciar a locação por prazo indeterminado mediante aviso por escrito ao locador, com antecedência mínima de trinta dias.

Modo de resilição unilateral da relação *ex locato*, desde que seja o contrato de locação por tempo indeterminado, reza o permissivo legal que o locatário pode unilateralmente dar fim à relação jurídica, porém impõe como condição que informe ao senhorio que pretende desocupar o imóvel com antecedência mínima de trinta dias, independentemente de determinação judicial.

A resilição de um instrumento contratual muito difere das hipóteses de rescisão, posto que é ato unilateral derivado da ausência da vontade e dá continuidade ao pacto contratual, diferentemente da resolução, que é advinda de infração legal ou contratual.

A resilição pode ser também bilateral, no caso do distrato (CC, art. 472[13]), quando as duas partes querem pôr fim ao contrato.

---

10   A resolução é forma de extinção contratual.

11   *Vide* CC, art. 389: "Não cumprida a obrigação, responde o devedor por perdas e danos, mais juros e atualização monetária segundo índices oficiais regularmente estabelecidos, e honorários de advogado".

12   DI PIETRO, Maria Sylvia Zanella. *Direito administrativo*, 2002, p. 169.

13   "O distrato faz-se pela mesma forma exigida para o contrato."

Parágrafo único. Na ausência do aviso, o locador poderá exigir quantia correspondente a um mês de aluguel e encargos, vigentes quando da resilição.

Quando não cumprida a condição imposta pela lei, o locatário que descumpriu a exigência legal deverá ao locador valor equivalente a um mês de aluguel, acrescido de todos os encargos locatícios derivados da resilição unilateral. Tal imposição vem a título de indenização ao locador que viu o contrato do qual fazia parte ser resilido pelo locatário, não podendo se extinguir a relação locatícia sem justa indenização que seja suficiente para que o locador não tenha prejuízo.

Art. 7º Nos casos de extinção de usufruto ou de fideicomisso, a locação celebrada pelo usufrutuário ou fiduciário poderá ser denunciada, com o prazo de trinta dias para a desocupação, salvo se tiver havido aquiescência escrita do nu-proprietário ou do fideicomissário, ou se a propriedade estiver consolidada em mãos do usufrutuário ou do fiduciário.

É fator caracterizante das figuras do usufrutuário e do fiduciário a posse do bem durante um determinado período de tempo. No momento em que esse período se finda, a posse é transferida para o nu-proprietário[14] e para o fideicomissário,[15] reais proprietários do imóvel, que, em contrapartida, perdem o direito de percepção de frutos.

O nu-proprietário e o fideicomissário são terceiros alheios à relação *ex locato*, de forma que não participaram desta em nenhum momento. Observada tal situação, é de conclusão lógica que eles não se obrigam a respeitar o contrato firmado entre os detentores temporários da posse do bem e o locatário, podendo então denunciar o contrato de locação para que o retomem legitimamente. Excetuam-se deste dispositivo os casos em que o nu-proprietário e o fideicomissário expressamente autorizam a locação, caso em que o contrato de locação possui vigência e eficácia completas.

---

14   "Quando uma propriedade, em vez de ser plena, está onerada com um usufruto, diz-se que o titular tem apenas a nua-propriedade. [...] A nua-propriedade é o que resta quando se constitui um direito menor que exclui o proprietário do gozo da coisa: por isso se diz que a propriedade está nua, porque reduzida à raiz ou casco" (FRANÇA, op. cit., 1977, v. 55, p. 107).
15   "Fideicomisso é uma forma de substituição em que o herdeiro ou legatário recolhe a herança ou legado, com a condição de transmiti-los a seu substituto, por sua morte, ou em tempo determinado." Logo, fideicomissário "é a pessoa que, no fideicomisso, recebe do herdeiro ou legatário (fiduciário) a herança, dada a morte deste, o transcurso de certo prazo, ou o advento de condição" (Ibidem, 1977, v. 37, p. 169).

Parágrafo único. A denúncia deverá ser exercitada no prazo de noventa dias contados da extinção do fideicomisso ou da averbação da extinção do usufruto, presumindo-se, após esse prazo, a concordância na manutenção da locação.

Neste artigo são tratadas as hipóteses em que a posse do bem pelo locador é temporária, ou seja, a posse se esvai com o decurso do tempo.

Importante destacar que posse é direito pessoal, e neste caso não há *animus possuendi* em adquirir a posse pela prescrição aquisitiva, ou seja, pela usucapião.

A natureza jurídica do usufrutuário e do fideicomisso é de detentor da posse e do gozo do bem. Sendo assim, é legítimo que se elabore contrato de locação, porém existe um momento em que a posse é devolvida ao proprietário, que na relação *ex locato* não é parte, não sendo obrigado a cumprir o pacto. Pode então retomar o imóvel até noventa dias após a extinção do fideicomisso ou da averbação da extinção do usufruto, dando prazo de trinta dias para que o locatário desocupe o bem. Considera-se mantido o vínculo locatício se o fideicomissário ou o nu-proprietário não denunciarem o contrato no prazo legal.

Art. 8º Se o imóvel for alienado durante a locação, o adquirente poderá denunciar o contrato, com o prazo de noventa dias para a desocupação, salvo se a locação for por tempo determinado e o contrato contiver cláusula de vigência em caso de alienação e estiver averbado junto à matrícula do imóvel.

O adquirente que comprar imóvel sobre o qual recaia uma relação locatícia poderá, em regra, denunciar o contrato, para que o locatário o desocupe em noventa dias, com o fundamento de que, como adquirente, não fez parte da relação jurídica havida entre locador e locatário. Porém, se o locatário for precavido e levar seu contrato de locação a ser averbado na matrícula do imóvel, gozará de proteção jurídica, posto que a averbação é o ato pelo qual se dá publicidade aos negócios jurídicos, ganhando assim oponibilidade contra terceiros. Ou seja, qualquer pessoa tem acesso a esse contrato e se, mesmo assim, decidir por realizar a compra do imóvel, estará ciente de que existe um contrato de locação que deverá ser cumprido em sua integralidade.

§ 1º Idêntico direito terá o promissário comprador e o promissário cessionário, em caráter irrevogável, com imissão na posse do imóvel e título registrado junto à matrícula do mesmo.

Na mesma esteira do comentário anterior, o promissário comprador ou promissário cessionário que possui compromisso irrevogável corretamente registrado na matrícula do imóvel[16] e que já possui imissão na posse deste poderá denunciar o contrato no prazo de noventa dias, nos mesmos moldes do *caput* deste artigo.

> **§ 2º A denúncia deverá ser exercitada no prazo de noventa dias contados do registro da venda ou do compromisso, presumindo-se, após esse prazo, a concordância na manutenção da locação.**

No dispositivo examinado anteriormente, pode-se aferir que o direito do adquirente fica resguardado por não possuir relação jurídica com o locatário, não devendo, portanto, obedecer ao estabelecido no contrato de locação. Pode-se denunciar o contrato a qualquer tempo, dando-se o prazo de noventa dias para que o locatário desocupe o imóvel.

O texto legal prevê exceção quanto à retomada do imóvel no caso de alienação,[17] sendo que, existindo cláusula de vigência do contrato de locação que preveja alienação, cláusula essa devidamente averbada na matrícula do imóvel, ou seja, averbado o contrato com cláusula que determina que ele irá vigorar mesmo com alienação, ninguém poderá alegar que esse contrato era desconhecido. Isso porque a averbação é o ato pelo qual se dá publicidade aos atos e negócios jurídicos, sendo oponível *erga omnes*, obrigando a todos aqueles que estão inseridos naquela relação jurídica.

> **Art. 9º A locação também poderá ser desfeita:**

O artigo traz as hipóteses em que o contrato de locação deixa de estar vigente. São elas: i) por mútuo acordo; ii) em decorrência da prática de infração legal ou contratual; iii) em decorrência da falta de pagamento do aluguel e demais encargos; e iv) para a realização de reparações urgentes determinadas pelo Poder Público.

> **I – por mútuo acordo;**

---

16 Veja a importância de se manter a propriedade registrada, gerando-se, assim, direitos reais.

17 Entende-se por alienação não só a compra e venda do imóvel, abrangendo-se a doação, o estabelecimento de usufruto, a permuta etc.

O distrato[18] ou resilição bilateral é uma das formas previstas para extinção da relação contratual. É um negócio jurídico distinto que possui como objeto o extermínio da relação contratual que ainda não foi executada por inteiro. Ou seja, a extinção por mútuo acordo é cabível enquanto o contrato de locação ainda não chegou a seu término. O distrato é realizado por instrumento separado, que deverá conter, em regra, as exigências contidas no art. 472 do Código Civil, sendo que deverá seguir a forma a que o contrato distratado (art. 104, III, CC) fora submetido, ou seja, se o contrato foi realizado por escritura pública, só será considerado distratado se o instrumento for realizado por escritura pública também. Observado isso, conclui-se que o art. 472 do Código Civil é utilizado no caso dos contratos solenes, e observando que o contrato de locação não possui forma prevista em lei, o distrato da relação *ex locato* poderá se dar verbalmente, ou até pela entrega da coisa locada.

II – em decorrência da prática de infração legal ou contratual;

A ausência do cumprimento das condições convencionadas ou derivadas de lei enseja uma das hipóteses de rescisão contratual, ou seja, o descumprimento de determinadas cláusulas ou postulados legais autoriza a qualquer dos contratantes rescindir o contrato de pleno direito.

III – em decorrência da falta de pagamento do aluguel e demais encargos;

Causa de resolução por inexecução voluntária do contrato, ou seja, finda-se a relação *ex locato* pelo inadimplemento da obrigação contratual (arts. 398 e segs., CC), ensejando ao locatário a propositura de ação de despejo por falta de pagamento, cujo fundamento jurídico encontra-se no art. 5º desta lei, que se apresenta como saída única para se proceder à retomada do imóvel.

A ação de despejo por falta de pagamento deve ser extinta quando o locatário purga a mora, ou seja, paga seus débitos.

IV – para a realização de reparações urgentes determinadas pelo Poder Público, que não possam ser normalmente executadas com a permanência do locatário no imóvel ou, podendo, ele se recuse a consenti-las.

---

18   Instituto analisado nos comentários ao *caput* do art. 6º desta lei.

Trata-se aqui da predominância do interesse público em detrimento do particular, pregando que, em caso de obra determinada pelo Poder Público, finda-se a locação. Porém, no entendimento de Maria Helena Diniz, se a intervenção do Poder Público for temporária, não se considerará resolvido o contrato, desde que exista interesse na execução do contrato.

Art. 10. Morrendo o locador, a locação transmite-se aos herdeiros.

Transmitem-se as obrigações aos herdeiros quando elas são impessoais, ou seja, não dependem, para sua execução, de características personalíssimas. No caso da locação, que não é relação *intuitu personae*, as obrigações se transmitem com observância ao *pacta sunt servanda*, devendo o contrato prosseguir com sua execução plena, sendo cumprido em sua integridade.

Art. 11. Morrendo o locatário, ficarão sub-rogados nos seus direitos e obrigações:

No caso de morte do locatário, o contrato continuará nos casos descritos nos incisos deste artigo.

I – nas locações com finalidade residencial, o cônjuge sobrevivente ou o companheiro e, sucessivamente, os herdeiros necessários e as pessoas que viviam na dependência econômica do *de cujus*, desde que residentes no imóvel;

Continua locatário sub-rogado quem de direito herdar e viver sob o poder econômico do *de cujus*, além de residir no imóvel locado, transmitindo-se assim todos os direitos e deveres da relação *ex locato*, pois o escopo do contrato de locação residencial é *intuitu familiae*. Assim, deve ser preservada a real intenção do contrato de locação, que era prover teto à família do locatário. Insensato seria se a morte do locatário ensejasse ação de despejo contra sua família, perdendo-se então a característica essencial da relação *ex locato* residencial.

II – nas locações com finalidade não residencial, o espólio e, se for o caso, seu sucessor no negócio.

Segue-se o mesmo princípio explanado anteriormente, porém, abrangem-se aqui os casos em que a locação se destina para fins de comércio, devendo então ser protegido o fundo de comércio estabelecido naquele local. O espólio sucederá enquanto estiver em curso o inventário, e, após a partilha dos bens,

16 | ARTS. 11 E 12

COMENTÁRIOS À LEI DE LOCAÇÕES

quem de direito herdar as quotas ou ações daquela empresa. Abriga-se aqui o caráter não pessoal dos contratos de locação, independentemente de quem figure como locatário.

Art. 12. Em casos de separação de fato, separação judicial, divórcio ou dissolução da união estável, a locação residencial prosseguirá automaticamente com o cônjuge ou companheiro que permanecer no imóvel.
Caput com redação dada pela Lei n. 12.112, de 09.12.2009.

A locação firmada para fins residenciais configura-se como *intuitu familiae*, que nada mais é que a denominação da real intenção demonstrada no exercício da autonomia da vontade. Há de se observar que, no momento em que os contratantes firmaram o contrato, a real intenção era proporcionar morada à família, sendo que não se deve ater-se ao formalismo completo, devendo-se utilizar a interpretação dos negócios jurídicos. Os negócios jurídicos são interpretados em conformidade com os arts. 112 e 113 do Código Civil.[19]

Devidamente introduzido o conceito, pode-se interpretar o referido artigo de forma a preservar a integridade da residência do cônjuge que permaneceu no imóvel locado, devendo a locação prosseguir com todos os direitos e deveres adequadamente sub-rogados ao cônjuge remanescente, mesmo no caso de separação de fato.

---

§ 1º Nas hipóteses previstas neste artigo e no art. 11, a sub-rogação será comunicada por escrito ao locador e ao fiador, se esta for a modalidade de garantia locatícia.
Parágrafo renumerado e com redação dada pela Lei n. 12.112, de 09.12.2009.

A sub-rogação tratada nos artigos anteriores deve, por força de lei, ser comunicada ao locador, e ao fiador somente se for essa a modalidade dada como garantia, excluindo-se outras modalidades, tal como o seguro-aluguel.

---

§ 2º O fiador poderá exonerar-se das suas responsabilidades no prazo de 30 (trinta) dias contado do recebimento da comunicação oferecida pelo sub-rogado, ficando responsável pelos efeitos da fiança durante 120 (cento e vinte) dias após a notificação ao locador.

---

19 "Art. 112. Nas declarações de vontade se atenderá mais à intenção nelas consubstanciada do que ao sentido literal da linguagem. Art. 113. Os negócios jurídicos devem ser interpretados conforme a boa-fé e os usos do lugar de sua celebração."

Parágrafo acrescentado pela Lei n. 12.112, de 09.12.2009.

A característica da relação de fiança (arts. 818 a 839, CC) é a acessoriedade em relação ao contrato de locação. A fiança é contrato *intuitu personae*, ou seja, é pautado e regido pela confiança que o fiador deposita no afiançado. Quando existe a *modificação da pessoa do locatário* – seja por falecimento deste ou por desconstituição de sua sociedade familiar –, a norma, que anteriormente dispunha meramente sobre a comunicação apenas ao locador – ao qual era facultada a escolha de nova garantia ou a substituição do fiador –, passa a impor a necessidade de comunicação por escrito tanto ao locador como ao fiador. O último pode optar por sua retirada, com expressa manifestação dentro do prazo de trinta dias posteriores ao recebimento da notificação. No silêncio, estendem-se ao locatário sub-rogado as garantias prestadas pelo fiador. No caso de o fiador exonerar-se das obrigações, ainda será o responsável pela relação contratual pelo interregno de 120 dias.

A fiança também está abarcada pela Súmula 549 do STJ: "É válida a penhora de bem de família pertencente a fiador de contrato de locação" (Súmula 549, 2ª Seção, j. 14.10.2015, *DJe* 19.10.2015).

Art. 13. A cessão da locação, a sublocação e o empréstimo do imóvel, total ou parcialmente, dependem do consentimento prévio e escrito do locador.

A lei determina a forma que deve se observar para que a autorização emitida pelo locador seja válida para os fins de empréstimo,[20] sublocação[21] ou cessão[22] da locação.

---

20   "Empréstimo é negócio jurídico por meio do qual uma parte obtém temporariamente a posse de determinado bem, para conservá-lo, podendo dele se utilizar, a título oneroso ou gratuito. Os contratos de empréstimo são contratos reais, isto é, contratos que possuem eficácia tão somente com a entrega da coisa" (SENISE LISBOA, op. cit., 2009, v. 3, p. 260).

21   "Sublocação é a relação *ex locato* que se estabelece entre o locatário de um bem e um terceiro, o sublocatário, perante o qual aquele assume a posição de locador do mesmo bem ou de parte dele. Assim, aquele que subloca fica numa posição bivalente. É locatário com relação ao senhorio ou locador original e locador com relação ao terceiro, o sublocatário" (FRANÇA, op. cit., 1977, v. 71, p. 45).

22   "A cessão de contrato, ou melhor, a cessão de situações contratuais, consiste na transferência da inteira posição ativa e passiva do conjunto de direitos e obrigações de que é titular uma pessoa, derivados de um contrato bilateral já ultimado, mas de execução ainda não concluída" (Ibidem, 1977, v. 14, p. 184).

> **§ 1º Não se presume o consentimento pela simples demora do locador em manifestar formalmente a sua oposição.**

O consentimento aqui deve ser realizado por escrito de forma indubitável, não tendo o decurso do tempo o condão de suprir a manifestação expressa da vontade do locador em emitir sua anuência nos casos elencados no comentário anterior.

> **§ 2º Desde que notificado por escrito pelo locatário, de ocorrência de uma das hipóteses deste artigo, o locador terá o prazo de trinta dias para manifestar formalmente a sua oposição.**

Trata-se de formas de transferência da locação e todas as suas modalidades, sendo imperioso que o proprietário do imóvel tome ciência inequívoca dos casos aqui salientados (arts. 1.225, I, e 1.228, CC). Não são admitidos, a título de notificação, documentação dúbia ou entregue por outro modo a não ser por meio de oficial autorizado pelo cartório de registro de títulos e documentos, sendo essa maneira incontestável e detentora de fé pública com presunção de veracidade, não podendo o locador, dessa forma comunicado, eximir-se da notificação.

Observa-se também que, após a notificação, é obrigatória a manifestação do locador em relação à transferência da locação. Porém em seu silêncio não se presume sua concordância, dependendo de autorização escrita para que o locatário possa efetivar a transferência da locação.

> **§ 3º (*Vetado.*)**
> *Parágrafo acrescentado pela Lei n. 12.112, de 09.12.2009.*

Seção II
Das Sublocações

Nesta seção será tratado o instituto das sublocações, que compreende "um contrato de locação que se efetiva entre o locatário de um bem e terceiro (o sublocatário), com a prévia permissão do locador, que, participando de uma primeira relação jurídica *ex locato* (contrato de locação), se vincula a uma segunda (contrato de sublocação), tendo-se em conta, nas duas, o mesmo objeto locado".[23]

---

23   DINIZ, Maria Helena. *Curso de direito civil brasileiro*: teoria das obrigações contratuais e extracontratuais, 2010, v. 3, p. 285.

> **Art. 14.** Aplicam-se às sublocações, no que couber, as disposições relativas às locações.

A relação *ex locato* inicial oriunda de um contrato de locação tem como objetivo locar um imóvel para pessoa diversa daquela que é seu proprietário. No mesmo sistema caminham as sublocações, que nada mais são do que a locação realizada pelo locatário original. Ou seja, na sublocação o locatário é o sublocador e o terceiro é chamado de sublocatário. Observando tais definições, é factível que se perceba que as relações de sublocação seguem a mesma ótica que a das locações.

> **Art. 15.** Rescindida ou finda a locação, qualquer que seja sua causa, resolvem-se as sublocações, assegurado o direito de indenização do sublocatário contra o sublocador.

Sob as orientações anteriores conclui-se que a sublocação é contrato acessório ao de locação e que, por conseguinte, se submete às direções dadas por este. Por consequência lógica, quando o contrato principal se extingue, os acessórios o seguem, sendo extintos também, sem prejuízo para o locador, porém gerando direito à indenização do sublocatário em face do sublocador, no caso de ato ilícito (arts. 186 e 187 c/c *caput* do art. 927, CC).

> **Art. 16.** O sublocatário responde subsidiariamente ao locador pela importância que dever ao sublocador, quando este for demandado e, ainda, pelos aluguéis que se vencerem durante a lide.

O artigo em questão vem resguardar e garantir ao locador o direito de receber os alugueres convencionados no caso de o locatário não cumprir com o estabelecido em contrato. Assim, o permissivo legal vem legitimar a responsabilidade subsidiária do sublocatário em relação ao locador original, uma vez que não existe relação jurídica entre um e outro.

Seção III
Do Aluguel

Nesta seção será tratado o aluguel, que pode ser entendido como sendo "a retribuição de uma parte – o locatário – para a outra – o locador – por lhe conceder esta última o uso e o gozo de coisa não fungível. Em outras palavras, o aluguel corresponde à contrapartida paga pelo uso de uma coisa não fungível.

20 | ARTS. 17 A 19 COMENTÁRIOS À LEI DE LOCAÇÕES

Decorre, portanto, de um contrato de locação de coisa, o qual, como destacam todos os tratadistas, é de caráter oneroso e comutativo".[24]

Art. 17. É livre a convenção do aluguel, vedada a sua estipulação em moeda estrangeira e a sua vinculação à variação cambial ou ao salário mínimo.
Vide art. 318, CC.

A liberdade de contratar (art. 421, CC) é mais uma vez consagrada quando acertado que é de livre convenção das partes a estipulação do valor do aluguel. Porém, a lei prestigia também a vedação do repúdio contra moeda nacional quando determina que é inadmissível que se estipule valor de locação baseado em moeda estrangeira. Veda também a indexação do valor baseado na flutuação cambial ou ao salário mínimo, de modo a proteger o valor avençado entre as partes e para que não haja onerosidade contratual excessiva. Isso demonstra que o legislador resguardou a manutenção do negócio jurídico, a fim de que o locatário não perca sua residência por força de alteração econômica.

Parágrafo único. Nas locações residenciais serão observados os critérios de reajustes previstos na legislação específica.

Visa-se a proteção ao locatário em face do locador, que, por força deste artigo, deverá utilizar-se de índices oficiais ou critérios de reajustes previstos na legislação, sendo defeso a ele reajustá-lo ao seu alvedrio.

Art. 18. É lícito às partes fixar, de comum acordo, novo valor para o aluguel, bem como inserir ou modificar cláusula de reajuste.

Mais uma vez, prestigia-se a autonomia da vontade das partes, inclusive no que tange ao estabelecimento dos valores de aluguel que deverão ser pagos pelo locatário, bem como convenciona-se quando irá e se poderá ser reajustado.

Art. 19. Não havendo acordo, o locador ou o locatário, após três anos de vigência do contrato ou do acordo anteriormente realizado, poderão pedir revisão judicial do aluguel, a fim de ajustá-lo ao preço de mercado.

---

24 FRANÇA, op. cit., 1977, v. 6, p. 263.

Se não houver concordância dos dois contratantes quanto ao reajuste do aluguel, depois de três anos de locação, ambas as partes poderão ingressar e provocar o Judiciário ou a arbitragem, no caso de haver cláusula arbitral no contrato (Lei n. 9.307/96), para que o aluguel seja judicialmente reajustado ao valor de mercado. Observa-se aqui o enfraquecimento paulatino do *pacta sunt servanda*, de modo que o artigo prevê, com justiça, que seja possível reajuste do preço do aluguel para que se evite eventual onerosidade excessiva, o que incorreria no descumprimento da função social do contrato, ensinamento vigente e que ganha terreno em nosso ordenamento.

O atingimento ou não do valor de mercado em acordo de majoração de aluguel entre locador e inquilino não constitui óbice a que o aluguel seja revisto no prazo trienal, e é assim que a jurisprudência pátria aclara as questões que envolvem esse tema: "Hipótese em que o locador ajuizou ação revisional dentro de três anos do acordo de majoração de aluguel realizado com o locatário. A orientação predominante nesta Corte é no sentido da impossibilidade de se propor lide revisional nos três anos posteriores a acordo de majoração de aluguel firmado entre locador e locatário, nos termos do art. 19 da Lei n. 8.245/91, independentemente se o novo valor alcançou ou não o patamar de mercado. Recurso especial conhecido e provido" (STJ, REsp n. 264.556/RJ, rel. Min. Maria Thereza de Assis Moura, j. 22.04.2008, v.u.).

Art. 20. Salvo as hipóteses do art. 42 e da locação para temporada, o locador não poderá exigir o pagamento antecipado do aluguel.

É princípio das relações locatícias, para que se evite eventuais abusos do locador, que o valor do aluguel seja devidamente quitado após trinta dias da ocupação, e assim subsequentemente, inclusive nas sublocações. Excetuam-se apenas os casos de locação por temporada e no caso de o contrato vigorar sem nenhuma garantia, casos em que poderá ser exigido o pagamento antecipado.

Art. 21. O aluguel da sublocação não poderá exceder o da locação; nas habitações coletivas multifamiliares, a soma dos aluguéis não poderá ser superior ao dobro do valor da locação.

A intenção do nobre legislador no permissivo legal *sub examine* é evitar que o locatário se utilize da sublocação como meio de obter lucro. Ele pondera que não pode o locatário obter vantagem de algo que não é de sua propriedade, ao passo que o proprietário ficaria em desvantagem na relação jurídica, salvo no caso das habitações multifamiliares.

> **Parágrafo único.** O descumprimento deste artigo autoriza o sublocatário a reduzir o aluguel até os limites nele estabelecidos.

Salienta a lei ainda que, no caso de o sublocador descumprir o determinado neste parágrafo único, o sublocatário possa reduzir o pagamento de seu aluguel até o limite do contrato principal.

Seção IV
Dos Deveres do Locador e do Locatário

Importante destacar que esta seção cuida especificamente dos deveres das partes contratantes, ou seja, das obrigações oriundas e intrínsecas ao próprio contrato de locação.

> **Art. 22.** O locador é obrigado a:

As obrigações elencadas neste artigo se referem àquelas que são responsabilidade exclusiva do locador, tendo em vista que ele será o principal beneficiário das contribuições aqui enumeradas.

> **I – entregar ao locatário o imóvel alugado em estado de servir ao uso a que se destina;**

É obrigação do locador entregar o imóvel com todas as características que lhe são pertinentes e essenciais ao uso a que ele se destina, sendo incabível a locação de imóvel cuja destinação se torna impraticável por falta de característica essencial (p. ex.: casa sem telhados para fins residenciais).

> **II – garantir, durante o tempo da locação, o uso pacífico do imóvel locado;**

O objetivo do dispositivo legal é proteger o locatário de eventual esbulho ou turbação na posse em consequência de atos do senhorio, de modo que o presente artigo não abrange os casos em que tais atos ocorram sem o controle do locador.

Utiliza-se o permissivo legal para evitar que o locador incomode o inquilino com vistorias desavisadas ou qualquer outra forma de constrangimento.

> **III – manter, durante a locação, a forma e o destino do imóvel;**

É obrigação do locador reparar o imóvel, durante a locação, de deterioração oriunda de caso fortuito ou de força maior (art. 393, CC). Trata-se de condição essencial para o cumprimento do contrato e a preservação da relação *ex locato*, sendo que as reparações simples ficarão por conta do inquilino. Posto isso, conclui-se que os reparos de grande vulto originados sem a culpa do inquilino são de obrigação do senhorio, para que se preserve a essência do imóvel. No caso de não cumprimento dessa determinação, enseja-se para o locatário o direito de rescindir o contrato por inadimplemento do locador, resolvendo-se a obrigação em perdas e danos.

IV – responder pelos vícios ou defeitos anteriores à locação;

Os vícios anteriores à relação locatícia são de inteira responsabilidade do locador, com o intuito de preservar o inquilino de eventuais danos preexistentes que comprometam a execução plena da relação *ex locato*. Deve então o locador repará-las, sendo que se o dano for essencial ao imóvel, pode o inquilino rescindir o contrato ou abater o valor no aluguel.

V – fornecer ao locatário, caso este solicite, descrição minuciosa do estado do imóvel, quando de sua entrega, com expressa referência aos eventuais defeitos existentes;

O locador deverá, para a sua própria proteção, fornecer uma lista minuciosamente discriminada com todos os defeitos de conhecimento dele no imóvel, com a finalidade de cientificar o locatário, elidindo quaisquer imputações no que tange à preexistência de defeitos, de forma que o locador não venha a arcar com eventuais danos causados pelo locatário. No caso de o locador não fornecer tal lista, ele se sujeita a não exigir perdas e danos por eventuais prejuízos.

VI – fornecer ao locatário recibo discriminado das importâncias por este pagas, vedada a quitação genérica;

O pagamento de aluguéis é configurado como obrigação quesível, ou seja, depende de instrumento comprobatório de pagamento com a quitação, vedando-se quitação genérica, posto que o pagamento dos alugueres é composto por várias parcelas, sejam o aluguel em si, encargos, impostos etc. É obrigatório que o senhorio forneça quitação discriminada de todos os pagamentos realizados para que, dessa forma, o inquilino saiba indubitavelmente o que pagou e o que foi quitado.

ART. 22

VII – pagar as taxas de administração imobiliária, se houver, e de intermediações, nestas compreendidas as despesas necessárias à aferição da idoneidade do pretendente ou de seu fiador;

As conhecidas taxas de contrato são encargos exclusivos do locador, pois o imediato beneficiário da administração de bens é o próprio locador, sendo vedada qualquer convenção em contrário. Na segunda parte do permissivo legal, percebe-se que o locador geralmente realiza uma pesquisa com a finalidade de aferir a idoneidade financeira do locador e de seu fiador. Dessa forma, reveste-se de segurança, minimizando os riscos de eventual inadimplência por parte do locador e garantindo que seu fiador possua condições para honrar o compromisso descumprido pelo afiançado.

VIII – pagar os impostos e taxas, e ainda o prêmio de seguro complementar contra fogo, que incidam ou venham a incidir sobre o imóvel, salvo disposição expressa em contrário no contrato;

Os impostos incidentes sobre o imóvel serão suportados pelo senhorio, bem como a indenização suplementar em caso de incêndio caso os bens móveis do inquilino sejam afetados pelo fogo. O artigo em análise, muito embora tenha força legal, não é cogente, ou seja, admite disposição das partes, de modo que podem estas expressamente convencionar de modo contrário.

IX – exibir ao locatário, quando solicitado, os comprovantes relativos às parcelas que estejam sendo exigidas;

É direito do locatário ter conhecimento de que as obrigações por ele suportadas devem ser devidamente comprovadas.

X – pagar as despesas extraordinárias de condomínio.

O presente inciso vem proteger o inquilino de despesas avolumadas por reparos realizados que beneficiam exclusivamente ao locador.

Parágrafo único. Por despesas extraordinárias de condomínio se entendem aquelas que não se refiram aos gastos rotineiros de manutenção do edifício, especialmente:

As despesas ordinárias são aquelas que se referem aos gastos corriqueiros, necessários à manutenção cotidiana, para a constância da prestação de serviços e continuidade do funcionamento de equipamentos que compõem a estrutura do condomínio. Sabendo o que se considera despesa ordinária, pode-se concluir que as despesas de caráter extraordinário são as que não se realizam cotidianamente, visando o investimento na estrutura do condomínio, com o escopo de valorizá-lo, ou os reparos de grande vulto, que se realizam com um intervalo de tempo considerável. A título exemplificativo, este parágrafo traz alguns casos dessa modalidade de despesa.

a) **obras de reformas ou acréscimos que interessem à estrutura integral do imóvel;**

São obras para fins desta alínea aquelas que importem em reforço estrutural do edifício, construção de novas instalações, reparos emergenciais e itens correlatos que não sejam recorrentes a ponto de serem considerados ordinários.

b) **pintura das fachadas, empenas, poços de aeração e iluminação, bem como das esquadrias externas;**

O reparo dos danos causados pelas intempéries naturalmente decorrentes da ação do tempo ou pelos ataques do clima, tais como chuva, granizo, vento, é considerado despesa extraordinária, pois tem como característica a falta de habitualidade na ocorrência destes itens.

c) **obras destinadas a repor as condições de habitabilidade do edifício;**

Os edifícios que se destinam a moradia de diversas famílias e que possuem unidades autônomas em forma de condomínio horizontal devem possuir condições mínimas de habitabilidade, definidas em legislação especial, que devem ser cumpridas à risca, pois, do contrário, oferece-se risco iminente à segurança e à saúde de seus habitantes. Tais reparos se caracterizam por serem duradouros e reverterem inevitavelmente ao locador, razão pela qual imputou-se a este a responsabilização pelo pagamento dessa modalidade de despesa.

d) **indenizações trabalhistas e previdenciárias pela dispensa de empregados, ocorridas em data anterior ao início da locação;**

As despesas que decorrerem de encargos trabalhistas devidas em função de dispensa de funcionários deverão ser suportadas pelo locador, desde que se originem em data anterior ao pacto locatício.

e) instalação de equipamentos de segurança e de incêndio, de telefonia, de intercomunicação, de esporte e de lazer;

A adequação do edifício às normas vigentes de segurança, bem como os investimentos que agreguem valor ao condomínio, tais como as melhorias em sistemas de telefonia e intercomunicação ou a implementação de núcleos de lazer, correspondem a despesas do locador. Isso porque, muito embora seja o locatário que irá se utilizar desses benefícios, o locador será o real beneficiário em virtude da valorização do imóvel.

f) despesas de decoração e paisagismo nas partes de uso comum;

Assim como no item anterior, a valorização do imóvel experimentada pelo investimento em decoração ou paisagismo será revertida em exclusividade ao locador, não cabendo ao locatário arcar com tais despesas, pois delas em nada irá se beneficiar.

g) constituição de fundo de reserva.

O fundo de reserva é o acúmulo de dinheiro repartido entre todos os condôminos, que possui a finalidade de suprir eventual emergência ou que vise algum investimento no condomínio, e deve ser suportado pelo locador, pois será revertido exclusivamente ao proprietário do imóvel.

Art. 23. O locatário é obrigado a:
I – pagar pontualmente o aluguel e os encargos da locação, legal ou contratualmente exigíveis, no prazo estipulado ou, em sua falta, até o sexto dia útil do mês seguinte ao vencido, no imóvel locado, quando outro local não tiver sido indicado no contrato;

Traz aqui o inciso a regra que define o prazo e a espécie de pagamento a ser realizado na relação *ex locato*. Trata-se de obrigação quesível, ou seja, deve ser quitada no local da obrigação, que é o imóvel locado, salvo disposição em contrário. Quanto à data, o pagamento deve ser efetuado no prazo definido pelo contrato ou, na ausência deste, até o sexto dia útil do mês seguinte ao vencido.

II – servir-se do imóvel para o uso convencionado ou presumido, compatível com a natureza deste e com o fim a que se destina, devendo tratá-lo com o mesmo cuidado como se fosse seu;

Cumpre ao inquilino utilizar corretamente o imóvel para o propósito a que se destina, sendo vedado o desvio de uso do imóvel. Deve também o locatário utilizar-se de toda cautela necessária para que a integridade do imóvel seja resguardada, cuidando dele como se seu fosse.

III – restituir o imóvel, finda a locação, no estado em que o recebeu, salvo as deteriorações decorrentes do seu uso normal;

Nota-se que o inciso obriga o locatário a devolver o imóvel no mesmo estado em que o encontrou, sob pena de ter de reparar ou responder por perdas e danos. Tal aferimento só é possível porque, se o locador seguiu a regra do art. 22, V, e forneceu relatório discriminado com todas as avarias do imóvel, os itens que se ausentarem dessa lista configuram-se como dano causado pelo inquilino. Porém, excetuam-se deste dispositivo os danos que são causados pelo uso comum e natural do bem, aqueles que são oriundos da própria utilização. Por outro lado, se o danificar e houver assinado contrato que possua cláusula de declaração de entrega do imóvel em perfeito estado, caberá ao locatário o ressarcimento dos danos por ele causados.

A jurisprudência corrobora este comentário: "Locação. Indenização. Danos no imóvel. Responsabilidade do locatário. Tendo o locatário concordado com as condições constantes na cláusula 5 'a' do pacto locatício, competia-lhe exigir uma vistoria inicial para o resguardo de seu direito e alforriar-se de eventual indenização por danos decorrentes do mau uso da propriedade locada, razão pela qual dá-se parcial provimento ao recurso" (TJSP, AC n. 992.08.003814-9, rel. Des. Clóvis Castelo, j. 24.05.2010, v.u.).

IV – levar imediatamente ao conhecimento do locador o surgimento de qualquer dano ou defeito cuja reparação a este incumba, bem como as eventuais turbações de terceiros;

É de responsabilidade do locatário informar imediatamente ao locador o surgimento de danos que são de inteira responsabilidade do último, devidamente estabelecida no contrato, podendo as partes convencionar quando o locador é responsável pelos danos, que são os casos de danos estruturais ou os que são essenciais para a utilização do imóvel, tendo como exemplo os reparos realizados em telhado ou rachaduras estruturais no imóvel.

V – realizar a imediata reparação dos danos verificados no imóvel, ou nas suas instalações, provocadas por si, seus dependentes, familiares, visitantes ou prepostos;

Os danos realizados por utilização indevida do imóvel ou oriundos de negligência são obrigações a serem suportadas pelo locatário, mesmo que tais danos tenham sido causados por terceiros que estavam na dependência do imóvel com seu consentimento.

VI – não modificar a forma interna ou externa do imóvel sem o consentimento prévio e por escrito do locador;

A preservação da integridade do imóvel é de inteira responsabilidade do locatário. Muito embora ele seja possuidor direto do imóvel, não pode, em hipótese alguma, por liberalidade sua, alterar a essência do imóvel, ou de alguma forma descaracterizá-lo, pois não é seu proprietário, não podendo portanto dispor livremente do imóvel. Observado isso, a lei permite que o locatário realize tais modificações, desde que todas elas sejam aprovadas por escrito pelo locador, que é o verdadeiro proprietário do imóvel, único legitimado para dispor livremente do bem.

VII – entregar imediatamente ao locador os documentos de cobrança de tributos e encargos condominiais, bem como qualquer intimação, multa ou exigência de autoridade pública, ainda que dirigida a ele, locatário;

É de responsabilidade do locatário informar ao locador eventuais correspondências relativas a tributos, encargos condominiais, bem como qualquer intimação, multa ou exigência do Poder Público, mesmo que sejam dirigidas ao locatário, posto que são de interesse do proprietário do imóvel.

VIII – pagar as despesas de telefone e de consumo de força, luz e gás, água e esgoto;

Por obviedade, as despesas relativas ao consumo dos serviços são de inteira responsabilidade daquele que consumiu, ou seja, o próprio locatário.

IX – permitir a vistoria do imóvel pelo locador ou por seu mandatário, mediante combinação prévia, de dia e hora, bem como admitir que seja o mesmo visitado e examinado por terceiros, na hipótese prevista no art. 27;

É permitido ao senhorio vistoriar o imóvel de sua propriedade, bem como designar mandatário para que o faça em seu lugar, sempre observando os postulados de não perturbação previstos no art. 22, II, devendo, dessa maneira, agendar data e hora para que realize a vistoria. Prevê o referido artigo ainda que, no caso de existir interessado na aquisição do imóvel, a vistoria também é permitida.

X – cumprir integralmente a convenção de condomínio e os regulamentos internos;

Por ser o usuário e deter a posse direta do imóvel, o locatário deve obedecer todas as regras concernentes ao bom convívio e os regimentos definidos pelo condomínio.

XI – pagar o prêmio do seguro de fiança;

O locatário é obrigado a pagar o prêmio de seguro-fiança, se assim foi exigido pelo locador, como garantia locatícia.

XII – pagar as despesas ordinárias de condomínio.

São as despesas comuns, ou seja, aquelas que mantêm o bem, como o pagamento dos funcionários, de água e luz da área útil. Em geral, tudo para uma boa manutenção do dia a dia do bem comum.

§ 1º Por despesas ordinárias de condomínio se entendem as necessárias à administração respectiva, especialmente:

São incluídas e consideram-se despesas ordinárias de condomínio as despesas essenciais ao bom funcionamento e cumprimento das obrigações condominiais, de forma a conservá-lo, posto que é de benefício coletivo e do próprio utilizador. Saliente-se que o rol aqui elencado não possui aspecto taxativo, podendo novas despesas serem consideradas ordinárias, desde que amparadas pelas balizas já delineadas.

a) salários, encargos trabalhistas, contribuições previdenciárias e sociais dos empregados do condomínio;

Os funcionários que prestam seus serviços à manutenção do edifício, tais como faxineiros, zeladores, eletricistas, síndico profissional entre outros, devem ser remunerados pelo próprio condomínio. Não se justifica, portanto, que o locador suporte tais despesas, uma vez que os serviços prestados por esses funcionários são de gozo exclusivo do condômino utilizador da unidade, que é o locatário.

b) **consumo de água e esgoto, gás, luz e força das áreas de uso comum;**

É de conclusão lógica que as despesas descritas na alínea em questão, por serem de uso imediato mediante aferição de consumo, devem ser suportadas por quem as utiliza, ou seja, os moradores do condomínio, em que se incluem os locatários, razão pela qual deverão suportar tais despesas.

c) **limpeza, conservação e pintura das instalações e dependências de uso comum;**

A deterioração da pintura das áreas comuns a todos os condôminos ocorre de forma recorrente. Não deve o administrador de condomínio aguardar até a total deterioração para que tome providências, sendo de sua obrigação que o conserve adequadamente, assim como a limpeza é fundamental para a manutenção de condições básicas de habitabilidade e de higiene.

d) **manutenção e conservação das instalações e equipamentos hidráulicos, elétricos, mecânicos e de segurança, de uso comum;**

Fala-se em "manutenção e conservação" das instalações e equipamentos hidráulicos, elétricos, mecânicos e de segurança de uso comum e não em reparo ou troca. É obrigação do locatário arcar com essas despesas, pois elas fazem parte do rateio mensal entre todos os moradores a fim de se preservar o bem comum e a constância da utilização desses serviços.

e) **manutenção e conservação das instalações e equipamentos de uso comum destinados à prática de esportes e lazer;**

Novamente o que é imputado como dever do locatário é somente a manutenção das boas condições das instalações, despesa essa necessária para que se evite danos de maior escala no futuro.

f) **manutenção e conservação de elevadores, porteiro eletrônico e antenas coletivas;**

A obrigação do locatário é pagar as despesas oriundas do uso comum e que são corriqueiras. Aqui se incluem os elevadores, passíveis de desgaste pela grande utilização, o sistema de porteiro eletrônico, essencial para a segurança do condomínio, e as antenas coletivas, utilizadas pelos moradores e que também são passíveis de pequenos defeitos.

---

g) **pequenos reparos nas dependências e instalações elétricas e hidráulicas de uso comum;**

Os reparos de grande vulto ainda serão suportados pelo locador, porém aqueles que não necessitem de grandes expensas e que configurem desgaste comum por utilização deverão ser suportados pelo locatário do imóvel em questão.

---

h) **rateios de saldo devedor, salvo se referentes a período anterior ao início da locação;**

As dívidas contraídas no período de vigência da relação *ex locato* deverão ser suportadas pelo locatário, que fora o real beneficiário das despesas que originaram o saldo devedor.

---

i) **reposição do fundo de reserva, total ou parcialmente utilizado no custeio ou complementação das despesas referidas nas alíneas anteriores, salvo se referentes a período anterior ao início da locação.**

Muito embora o fundo de reserva seja de obrigação do locador, o locatário deverá restituí-lo se ele foi utilizado com alguma despesa descrita nas alíneas anteriores, posto que o locatário foi o verdadeiro beneficiário.

---

§ 2º O locatário fica obrigado ao pagamento das despesas referidas no parágrafo anterior, desde que comprovadas a previsão orçamentária e o rateio mensal, podendo exigir a qualquer tempo a comprovação das mesmas.

São necessários a previsão orçamentária e o rateio para que a despesa seja caracterizada como ordinária, pois conclui-se que esta faz parte do dia a dia do condomínio pela sua previsibilidade, ao passo que as despesas extraordinárias têm como característica a imprevisibilidade da sua ocorrência. E assim, como é obrigação do locatário arcar com tais despesas, é seu direito exigir a comprovação da sua existência, a qualquer tempo, sem necessidade de concordância do condomínio ou do locador.

> **§ 3º No edifício constituído por unidades imobiliárias autônomas, de propriedade da mesma pessoa, os locatários ficam obrigados ao pagamento das despesas referidas no § 1º deste artigo, desde que comprovadas.**

Se determinado edifício for de propriedade de uma única pessoa, assim como todas as suas unidades, os locatários que lá habitarem continuarão submetidos aos ditames deste artigo, possuindo como encargos todos os itens do § 1º, porém tais despesas deverão necessariamente ser comprovadas na forma devida. Vejamos recente decisão do STJ nesse sentido:

> Apelação cível. Ação renovatória. Locação comercial. Sentença de improcedência. Recurso da autora locatária. Alegação de preenchimento dos requisitos da ação renovatória pelo exato cumprimento do contrato. Art. 71, II, da Lei n. 8.245/91. Insubsistência. Intempestividade no adimplemento de alguns alugueres ao longo da locação demonstrada pelos apelados. Purgação da mora pelo pagamento de encargos moratórios que não afasta o descumprimento contratual e legal da obrigação de pagamento pontual. Art. 23, I, da Lei n. 8.245/91. Ausência de justificativa plausível para o não cumprimento das obrigações em tempo. Idoneidade financeira do fiador indicado não comprovada. Indicado que já é devedor dos apelados em outro contrato de locação. Ausência de demonstração apelação cível. Ação renovatória. Locação comercial. Sentença de improcedência. Recurso da autora locatária. Alegação de preenchimento dos requisitos da ação renovatória pelo exato cumprimento do contrato. Art. 71, II, da Lei n. 8.245/91. Insubsistência. Intempestividade no adimplemento de alguns alugueres ao longo da locação demonstrada pelos apelados. Purgação da mora pelo pagamento de encargos moratórios que não afasta o descumprimento contratual e legal da obrigação de pagamento pontual. Art. 23, I, da Lei n. 8.245/91. Ausência de justificativa plausível para o não cumprimento das obrigações em tempo. Idoneidade financeira do fiador indicado não comprovada. Indicado que já é devedor dos apelados em outro contrato de locação. Ausência de demonstração de renda e patrimônio suficientes para arcar com eventual dívida. Teses recursais rechaçadas. Sentença mantida. Recurso desprovido. Agravo interno (art. 1.021 do CPC/2015) contra decisão que recebeu recurso de apelação apenas no efeito devolutivo. Julgamento do recurso principal. Perda de objeto. Agravo prejudicado. Não conhecimento. Os embargos de declaração foram rejeitados (e-STJ fls. 862/864). No recurso especial (e-STJ fls. 888/894), fundamentado no art. 105, III, *a*, da CF, a parte recorrente alegou, além de divergência jurisprudencial, ofensa aos arts. 6º

e 71, II, da Lei n. 8.245/91, sustentando, em síntese, que foram preenchidos os requisitos para a renovação do contrato de locação. No agravo (e-STJ fls. 951/952), afirma a presença de todos os requisitos de admissibilidade do especial. Foi apresentada contraminuta (e-STJ fls. 970/979). É o relatório. Decido. Extraem-se as seguintes razões de decidir do aresto impugnado (e-STJ fl. 863): O desprovimento do apelo deu-se pelo fato de que, ainda que se entenda que "pagamentos em atraso não habituais não são fatos autorizadores para que o locador não renove o contrato, ou que impeça a propositura da ação" (ALMEIDA GUILHERME, Luiz Fernando do Vale de. *Comentários a Lei de Locações*: Lei n. 8.245, de 18 de outubro de 1991. Manole, 2017, p. 104), no presente caso não se está diante de apenas um ou outro mês de atraso, mas sim de situação na qual em mais de uma oportunidade a apelante descumpriu suas obrigações contratuais referentes ao pagamento pontual do aluguel, o que deve ser considerado como quebra do "exato cumprimento do contrato", nos termos do art. 71, II, da Lei n. 8.245/91, pois nenhuma justificativa plausível para o não cumprimento das obrigações mensais no prazo foi apresentada pela locatária. Portanto, ainda que tenham sido poucos os meses de aluguel pagos intempestivamente, resta caracterizada a violação contratual e legal que afasta a possibilidade de renovação compulsória do contrato de locação, por ausência de comprovação do requisito previsto no art. 71, II, da Lei n. 8.245/91, qual seja, "prova do exato cumprimento do contrato em curso". Modificar o entendimento do acordão impugnado quanto a existência de violação contratual e legal que afasta a possibilidade de renovação compulsória do contrato de locação, por ausência de comprovação do requisito previsto no art. 71, II, da Lei n. 8.245/91, nesta hipótese, demandaria a reavaliação das cláusulas contratuais e o reexame do conjunto fático-probatório dos autos, providência não admitida no âmbito desta Corte, a teor das Súmulas n. 5 e 7 do STJ. Nesse sentido: Processual civil. Agravo interno no agravo em recurso especial. Desistência da ação. Concordância do réu. Necessidade. Reexame do conjunto fático-probatório dos autos. Inadmissibilidade. Incidência da Súmula n. 7/STJ. Decisão mantida. [...] 2. O recurso especial não comporta exame de questões que impliquem revolvimento do contexto fático-probatório dos autos (Súmula n. 7 do STJ). [...] 4. Agravo interno a que se nega provimento (AgInt no AREsp n. 1792361/SP, de minha relatoria, 4ª T., j. 29.11.2021, *DJe* 02.12.2021.) Agravo interno. Recurso especial. Processual civil. Ausência de afronta ao art. 1.022, II, do CPC/2015. Transferência compulsória de imóvel realizada mediante pagamento com títulos da dívida agraria – TDAS. Direito pessoal/obrigacional. Inteligência de outorga uxória para a disposição de direito pessoal. Incidência da Súmula 83/STJ. Suposta ameaça ao direito de meação. Incidência da Súmula 7/STJ. Decisão mantida. Recurso não provido. [...] 3. Não cabe, em recurso especial, reexaminar matéria fático-probatória (Súmula n. 7/STJ). 4. Agravo interno a que se nega provimento (AgInt no REsp n. 1911277/PR, rel. Min. Maria Isabel Gallotti, 4ª T., j. 29.11.2021, *DJe* 01.12.2021.) Diante do exposto, nego provimento ao agravo em recurso especial.

Nos termos do art. 85, § 11, do CPC/2015, majoro em 20% (vinte por cento) o valor atualizado dos honorários advocatícios arbitrados na origem em favor da parte recorrida, observando-se os limites dos §§ 2º e 3º do referido dispositivo. [...] (STJ, Ag no REsp n. 2015840/SC, 4ª T., rel. Min. Antonio Carlos Ferreira, j. 04.02.2022, *DJe* 23.02.2022).

Art. 24. Nos imóveis utilizados como habitação coletiva multifamiliar, os locatários ou sublocatários poderão depositar judicialmente o aluguel e encargos se a construção for considerada em condições precárias pelo Poder Público.

O artigo examinado consiste na faculdade de se depositar judicialmente o valor correspondente aos alugueres por eventual inabitabilidade devidamente atestada pelo órgão competente. Tal faculdade possui dupla finalidade: na primeira, o referido dispositivo possui o condão de elidir eventual despejo do locatário ou dos sublocatários; e na segunda, consiste em uma forma de se obrigar o locador a realizar os reparos necessários à habitabilidade do imóvel locado.

§ 1º O levantamento dos depósitos somente será deferido com a comunicação, pela autoridade pública, da regularização do imóvel.

O valor depositado judicialmente só poderá ser levantado em favor do locador se este comprovar a regularização do imóvel por meio de comunicação do Poder Público competente.

§ 2º Os locatários ou sublocatários que deixarem o imóvel estarão desobrigados do aluguel durante a execução das obras necessárias à regularização.

Protege-se os inquilinos que não estão no pleno gozo de seus direitos originados da relação *ex locato*, uma vez que não estão executando o objeto principal do contrato de locação, que consiste na habitação do imóvel, por culpa do locador, que não promoveu os reparos necessários. Nesse caso, a lei exime os inquilinos de realizarem os pagamentos dos aluguéis.

§ 3º Os depósitos efetuados em juízo pelos locatários e sublocatários poderão ser levantados, mediante ordem judicial, para realização das obras ou serviços necessários à regularização do imóvel.

A lei permite que os depósitos realizados sejam levantados mediante ordem judicial com o intuito de que sejam realizadas as obras necessárias e exigidas pelo Poder Público.

Art. 25. Atribuída ao locatário a responsabilidade pelo pagamento dos tributos, encargos e despesas ordinárias de condomínio, o locador poderá cobrar tais verbas juntamente com o aluguel do mês a que se refiram.

Desde que previsto contratualmente que os encargos locatícios ficarão às expensas do locatário, eles poderão integrar o valor cobrado no aluguel do mês ao qual se refiram.

Parágrafo único. Se o locador antecipar os pagamentos, a ele pertencerão as vantagens daí advindas, salvo se o locatário reembolsá-lo integralmente.

Os benefícios experimentados por ocasião da antecipação do pagamento serão desfrutados com exclusividade pelo locador, salvo se o locatário reembolsar ao senhorio a integridade do valor desembolsado.

Art. 26. Necessitando o imóvel de reparos urgentes, cuja realização incumba ao locador, o locatário é obrigado a consenti-los.

O locatário possui obrigação de consentir os reparos de grande urgência, desde que incumbam ao locador, sob pena de desfazimento da relação *ex locato*.

Parágrafo único. Se os reparos durarem mais de dez dias, o locatário terá direito ao abatimento do aluguel, proporcional ao período excedente; se mais de trinta dias, poderá resilir o contrato.

Note-se aqui que se os reparos forem extensos e perdurarem por mais de dez dias, o inquilino possui o direito de abatimento dos valores correspondentes ao período que exceder, e sendo esse período maior que trinta dias, o locatário possui o direito de resilir o contrato unilateralmente.

Seção V
Do Direito de Preferência

Art. 27. No caso de venda, promessa de venda, cessão ou promessa de cessão de direitos ou dação em pagamento, o locatário tem preferência

para adquirir o imóvel locado, em igualdade de condições com terceiros, devendo o locador dar-lhe conhecimento do negócio mediante notificação judicial, extrajudicial ou outro meio de ciência inequívoca.

O locatário possui o direito de prelação, ou seja, preferência, em detrimento de outros pretendentes, no que concerne aos casos de venda,[25] promessa de venda, cessão ou promessa de cessão de direitos, ou dação em pagamento.[26] O locatário deverá ser comunicado por escrito com todos os detalhes do negócio, que deverá ser realizado em igualdade de condições com os outros pretendentes, dando-se como opção de ciência inequívoca a notificação judicial ou extrajudicial.

Em relação à notificação, a opção pela via extrajudicial se configura como opção mais plausível, por seu menor custo e maior celeridade, observando-se que a notificação judicial é mais dispendiosa e mais morosa. A recusa do locatário em receber a notificação não impedirá de se iniciar o prazo de caducidade da oferta, como veremos adiante, sendo que a recusa deverá ser devidamente certificada pelo oficial do Registro de Títulos e Documentos.

O STJ, em Recurso Especial da lavra do Min. Ricardo Villas Bôas Cueva, traz interpretação importante sobre o caso em tela:

> Recurso especial. Aquisição. *Shopping center*. Lojas. Locação. Ação de despejo. Cláusula de vigência. Registro. Ausência. Oposição. Adquirente. Impossibilidade. 1. Recurso especial interposto contra acórdão publicado na vigência do CPC/2015 (Enunciados Administrativos ns. 2 e 3/STJ). 2. A controvérsia gira em torno de definir se o contrato de locação com cláusula de vigência em caso de alienação precisa estar averbado na matrícula do imóvel para ter validade ou se é suficiente o conhecimento do adquirente acerca da cláusula para proteger o locatário. 3. A lei de locações exige, para que a alienação do imóvel não interrompa a locação, que o contrato seja por prazo determinado, haja cláusula de vigência e que o ajuste esteja averbado na matrícula do imóvel. 4. Na hipótese dos autos, não há como opor a cláusula de vigência à adquirente do *shopping center*. Apesar de no contrato de compra e venda haver cláusula dispondo que a adquirente se sub-rogaria nas obrigações do locador nos inúmeros contratos de locação, não há referência à existência de cláusula de vigência, muito [menos] ao fato de que o comprador respeitaria a locação até o termo final. 5. Ausente o registro, não é possível impor restrição ao direito de propriedade, afastando disposição expressa de lei, quando o adquirente não se obrigou a respeitar a cláusula de vigência da locação. 6. Recurso especial provido (STJ, REsp 1.669.612-RJ, 3ª T., rel. Min. Ricardo Villas Bôas Cueva, j. 07.08.2018, *Dje* 14.08.2018).

---

25 Arts. 481 e segs. do Código Civil.
26 Arts. 356 a 359 do Código Civil.

Em suma, a turma decidiu por unanimidade que, ausente a averbação do contrato de aluguel na matrícula do imóvel, não é possível impor restrição ao direito de propriedade (art. 1.225, I, do CC), obrigando assim o adquirente do *shopping* a respeitar a cláusula de vigência do contrato de locação firmado sob a égide da Lei n. 8.245/91.

Parágrafo único. A comunicação deverá conter todas as condições do negócio e, em especial, o preço, a forma de pagamento, a existência de ônus reais, bem como o local e horário em que pode ser examinada a documentação pertinente.

Como explicitado anteriormente, a notificação a ser realizada deverá conter alguns requisitos que são indispensáveis para a validade do ato, a saber: deverá conter os exatos termos que regerão a compra e venda e informar quaisquer ônus reais do imóvel,[27] o local e a data em que toda a documentação referente ao imóvel poderá ser analisada, sob pena de ser considerada inválida a notificação, resolvendo-se controvérsias futuras em sede de perdas e danos, por se tratar de direito pessoal.

Art. 28. O direito de preferência do locatário caducará se não manifestada, de maneira inequívoca, sua aceitação integral à proposta, no prazo de trinta dias.

O locatário possui trinta dias para que aceite de forma inequívoca a proposta realizada pelo locador em todos os seus termos, sendo que o silêncio desobriga o locador a preferir o locatário na aquisição do bem.

Art. 29. Ocorrendo aceitação da proposta, pelo locatário, a posterior desistência do negócio pelo locador acarreta, a este, responsabilidade pelos prejuízos ocasionados, inclusive lucros cessantes.

Existe vinculação do locador quando este submete a proposta em face do locatário e este a aceita, obrigando as partes a realizar o negócio jurídico a que se propuseram. A partir do momento em que o negócio não se concretiza por desistência do proponente (locador), o oblato (locatário) possui direito a ser

---

27 São ônus reais que recaem sobre o imóvel a hipoteca, o penhor e a anticrese (arts. 1.419 a 1.510 do Código Civil).

ressarcido por eventuais perdas e danos e lucros cessantes[28] que possam vir a experimentar em função do negócio jurídico não realizado.

Art. 30. Estando o imóvel sublocado em sua totalidade, caberá a preferência ao sublocatário e, em seguida, ao locatário. Se forem vários os sublocatários, a preferência caberá a todos, em comum, ou a qualquer deles, se um só for o interessado.

O sublocatário possui preferência, em detrimento do locatário, pois utiliza o imóvel para sua moradia, devendo então, por coerência, ser titular do direito a ser preferido no caso de compra e venda do bem locado.

Parágrafo único. Havendo pluralidade de pretendentes, caberá a preferência ao locatário mais antigo, e, se da mesma data, ao mais idoso.

Este parágrafo prevê a ordem a ser seguida no caso de diversos locatários e sublocatários em sequência de antiguidade e, por fim, pela idade, do mais velho ao mais novo.

Art. 31. Em se tratando de alienação de mais de uma unidade imobiliária, o direito de preferência incidirá sobre a totalidade dos bens objeto da alienação.

Em consonância com o art. 28 da presente lei, se a proposta contiver a alienação de mais de uma unidade imobiliária, a aceitação, por parte do oblato, deverá englobar todas as unidades para que seja válido o negócio jurídico. Caso contrário, o locador se desobrigará de manter o imóvel e poderá negociá-lo com qualquer proponente.

Art. 32. O direito de preferência não alcança os casos de perda da propriedade ou venda por decisão judicial, permuta, doação, integralização de capital, cisão, fusão e incorporação.

Englobam-se aqui as exceções previstas que retiram a preferência do locatário: perda da propriedade ou venda por decisão judicial, permuta (art. 533, CC), doação (arts. 538 a 564, CC), integralização de capital, cisão, fusão e incorporação. Tais exceções se explicam pelo fato da natureza da transferência

---

28   Art. 427 do Código Civil.

do bem, que na compra e venda independe do comprador, podendo se operar com qualquer interessado.

Já nos casos aqui abordados, trata-se de cumprimento de decisão judicial, permuta (que visa a obtenção de um bem na troca do imóvel), as doações ou ainda quando o imóvel faz parte de um negócio específico que não poderá ser ofertado pelo locatário, não recaindo sobre esses casos o direito de preferência, seja pelo aspecto personalíssimo ou pela singularidade do negócio a ser realizado.

Parágrafo único. Nos contratos firmados a partir de 1º de outubro de 2001, o direito de preferência de que trata este artigo não alcançará também os casos de constituição da propriedade fiduciária e de perda da propriedade ou venda por quaisquer formas de realização de garantia, inclusive mediante leilão extrajudicial, devendo essa condição constar expressamente em cláusula contratual específica, destacando-se das demais por sua apresentação gráfica.
Parágrafo acrescentado pela Lei n. 10.931, de 02.08.2004.

Por ser lei superveniente à promulgação da lei inquilinária, este parágrafo deve regular seus efeitos intertemporais, a fim de dirimir quaisquer dúvidas, e delimitar precisamente a aplicação do novel dispositivo. Nos casos em que o imóvel locado é objeto de alienação fiduciária ou com a finalidade de securitizar quaisquer tipos de obrigações e eventualmente é perdido em função destas, tais condições devem estar expressas claramente no contrato por meio de destaque gráfico.

Art. 33. O locatário preterido no seu direito de preferência poderá reclamar do alienante as perdas e danos ou, depositando o preço e demais despesas do ato de transferência, haver para si o imóvel locado, se o requerer no prazo de seis meses, a contar do registro do ato no Cartório de Imóveis, desde que o contrato de locação esteja averbado pelo menos trinta dias antes da alienação junto à matrícula do imóvel.

Este artigo busca fazer valer o direito de preferência do locatário em face do locador, cominando sanção e fornecendo ferramentas para que o locatário, por meio da averbação do contrato de locação na matrícula do imóvel, possa, no interregno de seis meses contados do ato do registro no cartório, requerer para si o imóvel, desde que tenha depositado o valor do imóvel com os acréscimos das eventuais despesas.

É ônus do locatário proceder corretamente a esse registro, pois corre o risco de ver seu direito preterido e não possuir elementos para que possa impedir eventual alienação do bem. Dessa forma, prevê o Superior Tribunal de Justiça: "Nos termos do art. 25, § 1º, da Lei n. 6.649/79, o registro do contrato de locação no competente cartório de registro de imóveis é requisito essencial para que o locatário preterido possa adjudicar o imóvel cuja venda ou cessão de direitos foi realizada em desrespeito ao seu direito de preferência. Precedentes do STJ" (STJ, REsp n. 886.583/SC, rel. Min. Arnaldo Esteves de Lima, j. 23.02.2010, v.u.).

Parágrafo único. A averbação far-se-á à vista de qualquer das vias do contrato de locação, desde que subscrito também por duas testemunhas.

A via que será averbada na matrícula do imóvel no cartório de registro de imóveis é irrelevante, atribuindo a lei igualdade jurídica a cada uma das vias, porém ela só terá validade para esses efeitos desde que devidamente assinada por duas testemunhas e pelos contratantes.

Art. 34. Havendo condomínio no imóvel, a preferência do condômino terá prioridade sobre a do locatário.

O direito de preferência do condômino é instituto assegurado pelo art. 1.322 do Código Civil. Por ser o imóvel bem indivisível, seu condômino torna-se preferível quando da venda, pois seu direito já é de propriedade da coisa, ao contrário do locatário, que somente detém a posse e o direito de uso do imóvel.

Seção VI
Das Benfeitorias

Art. 35. Salvo expressa disposição contratual em contrário, as benfeitorias necessárias introduzidas pelo locatário, ainda que não autorizadas pelo locador, bem como as úteis, desde que autorizadas, serão indenizáveis e permitem o exercício do direito de retenção.
Veja Súmula n. 335, STJ.

Trata-se das benfeitorias (art. 96, CC) que o inquilino pode vir a realizar, em função da necessidade ou utilidade delas, e da forma como deverão ser indenizadas.

As benfeitorias chamadas de necessárias consistem nas que são realizadas com o intuito de preservar o imóvel de sua deterioração, podendo o inquilino realizá-las independentemente do consentimento ou da anuência do locador. Isso porque a conservação do imóvel é um tipo de benfeitoria que durará por longo tempo e que impedirá a destruição do bem, que é de propriedade do locador, devendo este indenizar o locatário sob pena de ter o imóvel retido até o pagamento da indenização.

O direito de retenção consiste na faculdade do inquilino de não devolver o imóvel até que receba a justa indenização. É meio de defesa legal do locatário, não sendo justo que ele, após conservar o imóvel de propriedade do locador, o devolva e só posteriormente venha a pleitear a indenização. A retenção do imóvel exerce pressão para que o locador quite seus débitos indenizatórios, só assim podendo retomar seu imóvel.

As benfeitorias úteis são aquelas realizadas com o escopo de aumentar ou melhorar o imóvel de forma a beneficiar sua utilização. Deverão sempre ser autorizadas por escrito pelo senhorio para que assim, quando da indenização, elas possam se equiparar às benfeitorias necessárias, inclusive no direito de retenção; ao passo que, se não forem autorizadas, o inquilino não deverá ser indenizado. Assim entende também o grau máximo da Justiça paulista: "Direito a retenção. Inadmissibilidade. Direito indenizatório vedado expressamente em disposição contratual. Aplicabilidade do princípio *pacta sunt servanda*. Quitação do débito. Ausência de prova idônea de pagamento. Mora caracterizada. Recurso improvido" (TJSP, AC n. 992.05.142479-6, rel. Luiz Fernando Nishi, j. 14.09.2010, v.u.).

Art. 36. As benfeitorias voluptuárias não serão indenizáveis, podendo ser levantadas pelo locatário, finda a locação, desde que sua retirada não afete a estrutura e a substância do imóvel.

As benfeitorias voluptuárias (art. 96, § 1º, CC) consistem naquelas que se destinam tão somente ao embelezamento do bem e que nada influem para a melhoria do uso, ou seja, só visam a estética ou o conforto dispensável. Uma vez que tais benfeitorias são realizadas somente com esse propósito, não devem ser indenizadas em hipótese alguma, independentemente do valor, e mesmo que valorizem o bem, podem ao final ser retiradas pelo locatário, contanto que isso não afete a estrutura do imóvel, bem como sua substância.

Seção VII
Das Garantias Locatícias

Art. 37. No contrato de locação, pode o locador exigir do locatário as seguintes modalidades de garantia:

Para segurança da execução do contrato, a lei permite que o locador exija algumas garantias, que são elencadas nos incisos a seguir.

I – caução;

A caução consiste em uma modalidade de garantia real, que busca assegurar e complementar a insuficiência patrimonial do inquilino. Pode recair sobre bens móveis e imóveis, por meio do penhor, da hipoteca ou da anticrese, respectivamente. São consideradas formas de caução também os títulos de crédito ou ações, bem como o depósito realizado em dinheiro. Tais garantias possuem o escopo de assegurar ao locador o cumprimento efetivo de todas as obrigações firmadas pelo locatário até o exato adimplemento de todas elas, pois caso contrário poderá o locador levantá-las a título de solvimento obrigacional. O caução pode ser pessoal, quando se deposita em uma conta normalmente três meses de aluguel, e real, quando se dá um imóvel em garantia.

A caução tem duas espécies: a pessoal e a real. A caução pessoal é aquela na qual se entrega dinheiro, normalmente três aluguéis do locatário ao locador no momento da assinatura do contrato de locação. Já a caução real seria a entrega de um bem imóvel como garantia do contrato de locação, sendo que no imóvel garantidor a caução locatícia figuraria como uma espécie de hipoteca (art. 1.225, IX, do CC).

Modificando toda a jurisprudência pátria, ou seja, dos Tribunais de Justiça Estaduais, em relação à garantia, a 3ª Turma do STJ entendeu que não cabe a perda de bem de família quando dado em garantia em uma caução locatícia, conforme ementa:

> Agravo Interno nos Embargos de Declaração no Recurso Especial. Civil e Processual Civil. Pedido de gratuidade de justiça. Deferimento. **Locação**. Imóvel. **Bem de família**. **Caução**. **Penhora**. Impossibilidade. 1. Recurso especial interposto contra acórdão publicado na vigência do CPC/2015 (Enunciados Administrativos ns. 2 e 3/STJ). 2. Na hipótese dos autos, há elementos que denotam a necessidade do deferimento do benefício de assistência judiciária gratuita ao agravante, em conformidade com a jurisprudência do STJ. 3. Em se tratando de **caução** em contratos de **locação**, não há falar na possibilidade de **penhora** do imóvel residencial familiar. 4. Agravo interno parcialmente provido (STJ, AgInt nos EDcl no REsp 1.925.067-SP, 3ª T., rel. Min. Ricardo Villas Bôas Cueva, j. 16.11.2021 – grifos nossos).

Um mês antes a 29ª Câmara de Direito Privado do TJSP entendeu opostamente, no sentido de que a caução imobiliária seria uma subespécie de hipoteca e que, portanto, o garantidor da locação (caucionador) abriria mão do bem de família e, claro, se assim não fosse, poderia gerar a quebra da função social do contrato locatício. A seguir, a ementa do acórdão:

Locação de imóvel – Embargos de terceiro opostos pelo caucionante – Sentença de improcedência – Apelo do embargante – Cerceamento de defesa – Inocorrência. As questões postas pelos litigantes permitiam (permitem) definição, bastando, por conseguinte, para análise da controvérsia, a prova já produzida. O juiz, como já assentado em iterativa jurisprudência, não está obrigado a produzir todas as provas requeridas pelas partes, caso os dados constantes dos autos sejam suficientes para formação de sua convicção. De fato, não sendo demais lembrar que, por força do que prescreve o art. 370, do CPC/2015, a prova é dirigida ao juiz. Destarte, a ele e tão somente a ele, cumpre aferir o que se afigura necessário para formação de seu convencimento. O exame dos autos dá conta de que a oitiva de uma das testemunhas arroladas pelo embargante/apelante era desnecessária. Destarte e dispondo o Juízo *a quo* de dados suficientes para prolação de sentença, inadmissível a alegação de cerceamento de defesa. Outrossim, não há que se falar em nulidade da audiência de instrução e julgamento, por conta da alegada falta de acesso às mídias digitais relativas aos depoimentos das testemunhas ouvidas em juízo. Realmente, por proêmio, insta consignar que nada há nos autos a indicar que o patrono do embargante/apelante tenha informado a propalada dificuldade de leitura das mídias à z. Serventia de primeiro grau e tampouco solicitado àquela Secretaria nova disponibilização de seu conteúdo. Lado outro, fato é que esta C. Segunda Instância teve acesso integral ao conteúdo das mídias digitais, não havendo qualquer problema ou comprometimento de seu teor, as quais, inclusive, podem ser acessadas nos endereços eletrônicos discriminados na fundamentação deste julgado. Mérito – Exoneração da fiança – Inocorrência – Embargante/caucionante que não demonstrou ter se exonerado da garantia real prestada. Tampouco há que se cogitar de extinção da garantia, na medida em que, pelo que se tem nos autos, o trespasse, isto é, a transferência do fundo de comércio pelo locatário não contou com o consentimento da locadora, mantendo-se, por conseguinte, as responsabilidades assumidas no contrato de locação. Logo, não há que se cogitar de extinção da garantia locatícia (caução real). – Bem de família. Dados coligidos aos autos apontam que o imóvel caucionado é, de fato, destinado à moradia do embargante. Sucede, porém, que prevalece nesta C. Câmara o entendimento majoritário no sentido de que "aquele que espontaneamente oferece o bem para garantia de débito renuncia ao benefício legal. A caução de imóvel, em locação, é figura que equivale à hipoteca, constituindo, pela absoluta identidade de razões, exceção à impenhorabilidade, a teor do art. 3º, V, da Lei n. 8.009/90". Destarte, independentemente do fato de o embargante/apelante possuir ou não outros bens imóveis, não há que se cogitar, na espécie, de impenhorabilidade do imóvel caucionado/constrito. Recurso improvido (TJSP, AC n.1020784-79.2017.8.26.0100, rel. Neto Barbosa Ferreira, j. 20.10.2021).

II – fiança;
Vide arts. 818 a 839, CC.

Possui natureza jurídica de caução pessoal ou garantia fidejussória. É garantia fornecida pelo afiançado, que traz uma terceira pessoa (fiador) para a relação jurídica por meio de um contrato acessório ao contrato de locação. O contrato de fiança pode ser executado em caso de descumprimento, sempre obedecendo ao benefício de ordem, segundo o qual o locador deverá perseguir os bens do devedor principal (locatário) até sua exaustão, para só então buscar a solvência pelo patrimônio do fiador. Importante ressaltar que tal benefício é renunciável, e por essa possibilidade e para maior segurança do locador, tornou-se praxe nos contratos locatícios, em que ocorre a estipulação de solidariedade entre locador e fiador, sendo possível acioná-los independentemente de ordem.

Nesse sentido, o Código de Processo Civil dispõe que, quando executado, o fiador tem o direito de reclamar seu benefício de ordem, exigindo que, em primeiro lugar, sejam executados os bens do devedor principal (locatário), indicando, inclusive, lista de bens do afiançado à penhora. Apenas serão atingidos os bens do fiador caso os do locatário, naquela comarca, sejam insuficientes, conforme disposição do art. 794, § 1º, da Lei n. 13.105/2015 (CPC).

O contrato de fiança possui requisito essencial: a forma escrita, podendo ser realizada por instrumento em apartado ou no bojo do próprio contrato de locação, ou ainda ser realizado por instrumento público ou privado.

A acessoriedade é característica definidora do contrato de fiança, sendo que dessa forma só possuirá existência se for oriunda de um contrato principal, que é o contrato de locação. A nulidade do acessório, contrato de fiança, não implica a nulidade do principal, contrato de locação; porém, se viciado for o contrato principal, o acessório o segue, sendo tão viciado quanto, deixando de gerar efeitos jurídicos.

Há três situações distintas no que tange aos casos de pluralidade de fiadores. Na primeira situação, deparamo-nos com a solidariedade dos fiadores entre si, que consiste, a título de exemplo, no caso de três fiadores se obrigarem a uma dívida de R$ 3.000,00: os três serão obrigados solidariamente a solver essa dívida em caso de insuficiência de bens do afiançado. Na segunda situação, os fiadores podem convencionar por escrito o benefício da divisão, obrigando-se pela proporção na qual se propuserem. Já na terceira situação, os fiadores respondem de acordo com uma limitação na responsabilidade, em consonância com o *quantum* anteriormente fixado.

Importante ainda lembrar que, em caso da quitação obrigacional realizada pelo fiador, este sub-roga-se no crédito do locatário, obrigando o locador a reembolsá-lo com todos os juros, perdas e danos e despesas que o fiador eventualmente venha a experimentar. Porém, para que exista tal direito, o fiador que adimplir a obrigação deve fazê-lo sem excesso e informando o locatário da realização do pagamento. Lembrando que o contrato acessório de fiança está disposto nos arts. 818 a 839 do CC.

III – seguro de fiança locatícia;
Veja arts. 757 a 802, CC.

Modalidade de garantia que consiste no pagamento de uma taxa mensal em favor da companhia seguradora, cujo prêmio, em caso de sinistro, é o pagamento de um determinado valor previamente ajustado em favor do locador.

Cite-se, a título de vantagens desta modalidade, o fato de que o locatário não necessitará se sujeitar ao constrangimento de conseguir um fiador, desnecessidade de aguardar a decretação de despejo para o recebimento dos aluguéis não pagos, bem como consiste em garantia certa ao locatário. Por derradeiro, a utilidade maior desta modalidade é que, apesar de não muito utilizada, possibilita o acesso a imóveis por meio da locação de forma mais simples, posto que é muito difícil atingir as garantias exigidas pelo locador, seja pelo não conhecimento de pessoas próximas com idoneidade econômico-financeira suficiente para figurar como fiador ou pela ausência de bens para serem dados como caução real.

IV – cessão fiduciária de quotas de fundo de investimento.
Inciso acrescentado pela Lei n. 11.196, de 21.11.2005.

Cotas de investimento são aquelas consideradas condomínio aberto, em que seus títulos são adquiridos por cada um dos condôminos com a finalidade de se capitalizar determinado tipo de investimento a ser realizado, seja industrial, comercial ou imobiliário. São bens móveis por natureza, pois a Lei n. 4.728/65, art. 66-B, permite que tais títulos sejam cedidos fiduciariamente a fim de garantir quaisquer obrigações. Portanto, a referida lei vem consagrar tal inovação, trazendo expressamente a previsão desta modalidade de fidúcia no que tange às relações inquilinárias.

A cessão fiduciária era tema controvertido na jurisprudência pátria, uma vez que o Código Civil, em seu art. 1.361, não permite que bem móvel fungível seja dado em garantia. Porém, a Lei de Mercado de Capitais, com sua especialidade, veio trazer a inovação no sistema jurídico brasileiro quando previu expressamente que os bens móveis fungíveis são passíveis de alienação fiduciária. A lei prevê ainda que a posse não mais será do devedor, e sim do credor, que poderá, descumprida a obrigação, vendê-la a terceiros sem a necessidade de autorização judicial ou a realização de hasta pública.

É verdadeira evolução do Direito pátrio garantir de forma eficaz o cumprimento de uma obrigação, uma vez que o credor, na posse do bem no momento do inadimplemento, já possui o direito real sobre as quotas de fundo de investimento, podendo executá-las de pronto.

Parágrafo único. É vedada, sob pena de nulidade, mais de uma das modalidades de garantia num mesmo contrato de locação.

A relação *ex locato* é, necessariamente, modalidade de negócio jurídico, que nos remete imediatamente à existência de alguma modalidade de garantia, a fim de resguardar o direito subjetivo do locador de receber corretamente os valores avençados a título de aluguel. Porém, de outra senda, é situação delicada para o locatário a obtenção de garantia que satisfaça as exigências do senhorio. Observada tal situação e objetivando sempre a equidade, este parágrafo único vem prevenir que o locador abuse de sua situação exigindo do locatário mais de uma modalidade de garantia. Entende o legislador que a existência de apenas uma é quantidade suficiente para assegurar o cumprimento obrigacional, não existindo razão lógica para submeter o locatário ao fornecimento de diversas modalidades.

Art. 38. A caução poderá ser em bens móveis ou imóveis.

Trata-se aqui da caução real, ou seja, revela-se garantia real do contrato de locação sobre os direitos a determinado bem, seja pela tomada do bem em razão da dívida contraída ou pelo percebimento de eventuais frutos oriundos de anticrese.

A definição de direitos reais remonta à ideia do direito que recai exatamente sobre a coisa, é o direito sem exigências pessoais. No caso em tela, a caução é o direito conferido ao locador sobre os bens móveis ou imóveis por meio de determinados institutos que serão a seguir elucidados.

Recaem sobre os bens móveis o que é disciplinado nos arts. 1.431 e seguintes do Código Civil, isto é, o penhor. Em suma, o penhor consiste em dar a posse, em garantia de determinada obrigação, de um determinado bem suscetível à alienação, o qual integrará ao patrimônio do credor pignoratício caso a obrigação seja descumprida. Posto isso, o penhor deve obedecer algumas formalidades para que seja efetivado: deverá o bem ser individualizado com todas as suas características, e o instrumento, ser registrado em cartório de títulos e documentos, pois somente dessa maneira é dada ao ato a publicidade inequívoca, para que dessa forma seja oponível contra terceiros, possuindo eficácia *erga omnes*.

Já se tratando de bens imóveis, existem como fontes originadoras de direito real a hipoteca (art. 1.225, IX, CC) e a anticrese (art. 1.225, X, CC). A hipoteca é o ato pelo qual o proprietário possui sua matrícula gravada com o ônus real garantidor de uma obrigação específica. No caso de descumprimento desta pela força do instituto, o credor hipotecário executa sua garantia, tendo a propriedade do imóvel hipotecado transferida para si.

Dos institutos analisados, a anticrese é a que possui o menor dos usos, porém consiste em ceder os direitos de percepção de frutos por meio do usufruto de um determinado imóvel, devendo também ser devidamente averbada na matrícula deste para que repercuta na sociedade e seja atribuída sua oponibilidade a terceiros.

> § 1º A caução em bens móveis deverá ser registrada em Cartório de Títulos e Documentos; a em bens imóveis deverá ser averbada à margem da respectiva matrícula.

É requisito essencial para efetivação e validade da caução real de bens móveis a sua publicidade. Considera-se o ato público a partir do momento em que o referido contrato é registrado em cartório de títulos e documentos, pois a partir desse momento o bem será gravado de um ônus real que impede que seja alienado para terceiros. Após o ato registral, o bem ganha oponibilidade contra terceiros, pois o negócio jurídico, sendo público, gera para o terceiro obrigação presumida de ter conhecimento de todas as características do bem, inclusive se este é objeto de garantia pignoratícia, não podendo o terceiro, posteriormente, alegar que realizou o negócio como terceiro de boa-fé. Desse modo, ele perderá o bem, e os eventuais prejuízos serão discutidos em sede de perdas e danos contra aquele que alienou o bem.

> § 2º A caução em dinheiro, que não poderá exceder o equivalente a três meses de aluguel, será depositada em caderneta de poupança, autorizada pelo Poder Público e por ele regulamentada, revertendo em benefício do locatário todas as vantagens dela decorrentes por ocasião do levantamento da soma respectiva.

A lei é clara quando dita que é vedada a prática de caução em dinheiro que supere o valor de três meses de aluguel, pois constitui abuso da posição privilegiada do locador, tornando o locatário, nessa relação jurídica, hipossuficiente.

É imperativo que o depósito seja realizado em instituição idônea, autorizada pelo Poder Público, e que seja realizado em caderneta de poupança,

48 | ARTS. 38 E 39

pois esta gera rendimentos e possui correção monetária, frutos esses que serão percebidos pelo locatário. A jurisprudência pátria vem cimentando as controvérsias a respeito do cumprimento deste artigo, sendo que é expoente a questão quando se trata do locador que não efetua o depósito da caução em espécie (p. ex.: STJ, Ag. Reg. no Ag. n. 1.315.000/SP, *DJe* 28.06.2013). O locador que não o realizar deve devolver o *quantum* pago a esse título mais os rendimentos que por direito seriam percebidos caso o tivesse feito dentro das balizas legais.

---

§ 3º A caução em títulos e ações deverá ser substituída, no prazo de trinta dias, em caso de concordata, falência ou liquidação das sociedades emissoras.

A caução efetuada com base em títulos ou ações deverá ser substituída em trinta dias em caso de concordata, falência ou liquidação das sociedades emissoras, de acordo com o texto legal, tendo como fundamento principal a falta de segurança e liquidez das ações e dos créditos empenhados, além da natural desvalorização destes originada pela precária situação econômico-financeira da empresa emissora.

Art. 39. Salvo disposição contratual em contrário, qualquer das garantias da locação se estende até a efetiva devolução do imóvel, ainda que prorrogada a locação por prazo indeterminado, por força desta Lei.
Artigo com redação dada pela Lei n. 12.112, de 09.12.2009.

A garantia da locação, de acordo com o texto legal, acompanha a obrigação principal até o momento em que o locatário entrega o imóvel em perfeitas condições; então, consequentemente, a garantia cedida, seja real ou fidejussória, extingue-se.

Atualmente é prevista de forma expressa a permanência das responsabilidades do fiador, ainda que haja prorrogação automática do lapso temporal do contrato. Em períodos nada longínquos, no entanto, era mais do que possível a observação de conflitos judiciais intermináveis quanto à não "prorrogação" da garantia que recaía ao fiador, se não existisse a concordância taxativa deste junto ao instrumento que dilatou o prazo da locação.

O atual texto oferecido pelo art. 39 da legislação especial aperfeiçoa a disciplina anterior e denota a pacificação da jurisprudência, determinando a responsabilidade na continuidade do vínculo adstrita ao fiador – ou de qualquer das garantias –, ainda que a prorrogação seja por prazo indeterminado, caso não haja sua expressa oposição ao mandamento. Assim, como explicitado, "passa a ser a regra a continuidade da garantia na inércia do fiador".[29]

Pelo art. 835 do Código Civil, o fiador pode exonerar-se completamente das obrigações a qualquer tempo, mediante manifestação, mesmo que o contrato de locação seja por tempo indeterminado, ficando obrigado pela locação pelo prazo de sessenta dias. Caso a locação seja por tempo determinado, o fiador se obriga a afiançá-la até a conclusão ou término do lapso temporal.

Art. 40. O locador poderá exigir novo fiador ou a substituição da modalidade de garantia, nos seguintes casos:

A fidúcia locatícia deve ser exercida em apenas uma das modalidades previamente elencadas no art. 37, parágrafo único, da presente lei, sendo vedada a escolha de mais de uma. Permite-se ao locador que a garantia prestada seja substituída por alguma outra prevista no art. 37, seja fidejussória ou real, desde que preencha quaisquer das situações previstas nos incisos seguintes.

I – morte do fiador;

Todos os bens e direitos são hereditários, ou seja, são passíveis de compor a herança, em tese, quaisquer bens ou direitos. Porém, excluem-se dessa premissa as obrigações com caráter *intuitu personae*, como é o caso da fiança.

Obrigações personalíssimas são aquelas que somente o contraente pode executar. São derivadas de uma qualidade específica ou da confiança dispensada em favor de outro. A fiança se origina pela confiança que o fiador deposita no afiançado, a ponto de arriscar seu patrimônio acreditando no estrito cumprimento das obrigações contraídas.

Não se pode admitir que esse tipo de obrigação seja transmitida aos herdeiros, posto que é de cunho pessoal. O fiador, contudo, se obriga até o momento de sua morte. No momento da execução da fiança, é possível atacar diretamente os bens do espólio, pois o caráter da obrigação, depois de executada a garantia, se transforma, deixando ela de ser personalíssima, podendo ser executada como outro débito qualquer.

II – ausência, interdição, recuperação judicial, falência ou insolvência do fiador, declaradas judicialmente;

---

29 CHOHFI, Roberta Dib. "Comentários sobre a alteração sofrida pela Lei n. 12.112/2009". Disponível em: http://www.migalhas.com.br/mostra_noticia_articuladas.aspx?cod=100642. Acessado em: 15.12.2021.

Inciso com redação dada pela Lei n. 12.112, de 09.12.2009.

A declaração judicial elide qualquer discussão a respeito da idoneidade financeira ou econômica, confirmando para tanto a ausência, interdição, recuperação judicial, falência ou insolvência do fiador, não restando dúvidas de que a garantia fidejussória está comprometida, pois o fiador não está apto a assumir quaisquer compromissos.

III – alienação ou gravação de todos os bens imóveis do fiador ou sua mudança de residência sem comunicação ao locador;

Considera motivo para substituição de garantia este inciso, pelo fato de o fiador não possuir patrimônio suficiente para responder com sua obrigação. Enseja ainda a recusa do fiador caso deixe de residir no mesmo município, sem comunicação, não tendo como ser localizado.

IV – exoneração do fiador;

O fiador pode exonerar-se da obrigação a qualquer tempo no contrato de locação por tempo indeterminado, ficando, porém, obrigado pelo interregno de sessenta dias. Após esse ínterim, o locador poderá substituir a fidúcia, antes prestada pelo fiador, por quaisquer das modalidades previstas no art. 37 desta lei. Já no caso de o contrato ser por tempo determinado, o fiador fica obrigado a cumprir o prazo estipulado em sua integridade, salvo estipulação contratual em contrário.

V – prorrogação da locação por prazo indeterminado, sendo a fiança ajustada por prazo certo;

Obriga-se o fiador que afiança o contrato por tempo determinado; ou seja, durante o tempo convencionado, assume totalmente os riscos da garantia. Ao término, ele é exonerado. Quando se fala em locação por tempo indeterminado, provavelmente durante a vigência do contrato, o fiador por prazo certo será exonerado por decurso do tempo, ocasião em que o contrato ficaria sem garantia. Assim, o inciso em questão possibilita a substituição da fidúcia por qualquer outra modalidade de garantia.

VI – desaparecimento dos bens móveis;

Se a caução real foi na modalidade de penhor (art. 1.225, VIII, CC), o bem móvel por definição é passível de desaparecimento. Em se constatando a culpa do devedor pignoratício ou terceiro no desaparecimento do bem, resolver-se-á a obrigação em sede de direito pessoal, sendo sub-rogado no crédito indenizatório o credor pignoratício.

VII – desapropriação ou alienação do imóvel;

A perda do bem que caucionava o contrato de locação, seja por força de decreto expropriatório ou pela alienação do bem, enseja a exigência de substituição da fidúcia prestada pelo locatário. Isso porque a desapropriação é forma originária de aquisição do bem. O imóvel, quando integrado ao patrimônio público, o integra sem ônus algum gravado em sua matrícula, deixando o contrato de locação desprotegido, fato esse que não deve prosperar, razão pela qual a lei autoriza a substituição da garantia. O mesmo se verifica em relação à alienação, sobretudo em se considerando o caráter *intuitu personae* da relação locatícia, que por certo não se transmitirá ao novo proprietário, adquirente do imóvel.

VIII – exoneração de garantia constituída por quotas de fundo de investimento;
Inciso acrescentado pela Lei n. 11.196, de 21.11.2005.

As quotas de investimento, incluídas no rol de garantias pela Lei n. 11.196/2005, podem ser cedidas para garantir qualquer obrigação. Trata-se de forma recente de garantia às relações locatícias. Uma vez exonerada a garantia, nasce para o locador o direito de exigir nova modalidade.

IX – liquidação ou encerramento do fundo de investimento de que trata o inciso IV do art. 37 desta Lei;
Inciso acrescentado pela Lei n. 11.196, de 21.11.2005.

Quotas de fundo de investimento são a forma pela qual o empreendedor capitaliza seu empreendimento, dividindo o valor a ser capitalizado em quotas, que são vendidas aos investidores. A Lei de Locações permite que tais cotas sejam objeto de cessão fiduciária, mas, durante o curso da vigência da relação *ex locato*, essas cotas podem ser liquidadas ou encerradas por força das características de cada fundo de investimento.

X – prorrogação da locação por prazo indeterminado uma vez notificado o locador pelo fiador de sua intenção de desoneração, ficando obri-

52 | ARTS. 40 E 41   COMENTÁRIOS À LEI DE LOCAÇÕES

gado por todos os efeitos da fiança, durante 120 (cento e vinte) dias após a notificação ao locador.
Inciso acrescentado pela Lei n. 12.112, de 09.12.2009.

O contrato de fiança é um contrato regido pelo Código Civil (arts. 818 a 839), que não admite interpretação extensiva de suas cláusulas. Ou seja, a interpretação e aplicação do contrato de fiança são atreladas fielmente ao disposto em seu bojo, não admitindo-se exceções de qualquer ordem. Posto isso, o contrato de fiança locatícia possui tempo determinado e, de acordo com o dito anteriormente, não pode ser automaticamente prorrogado.

A locação que se prorroga indeterminadamente no tempo vincula apenas os sujeitos da relação jurídica principal, deixando a critério do fiador a permanência como garantidor da locação. Se assim não for de sua vontade, o fiador poderá exonerar-se da obrigação, devendo notificar o locador de sua intenção de descontinuar a fiança. A partir dessa data, o fiador se obrigará e se vinculará a todos os efeitos da fiança pelo prazo de 120 dias, desobrigando-se por completo após esse prazo.

Parágrafo único. O locador poderá notificar o locatário para apresentar nova garantia locatícia no prazo de 30 (trinta) dias, sob pena de desfazimento da locação.
Parágrafo acrescentado pela Lei n. 12.112, de 09.12.2009.

Em todos os casos, quando perdida a garantia que assegurava o cumprimento obrigacional, nasce o direito subjetivo do locador de exigir do locatário a apresentação de nova garantia, a qual, se não for cumprida a contento e tempestivamente, dará causa à rescisão do contrato de locação nos termos deste parágrafo.

Art. 41. O seguro de fiança locatícia abrangerá a totalidade das obrigações do locatário.

De acordo com o artigo em epígrafe, é ditado que, no momento em que o seguro-fiança é contratado por companhia seguradora devidamente autorizada pela Superintendência de Seguros Privados – SUSEP, ela deve fornecer, em caso de sinistro, a quantia total que é devida pelo locatário como prêmio em favor do locador. Devem ser considerados não só os meses de aluguel devidos, mas também todas as obrigações derivadas da relação *ex locato*, incluindo-se reparos ao imóvel, bem como honorários advocatícios, sublocatários, custas judiciais etc.

Art. 42. Não estando a locação garantida por qualquer das modalidades, o locador poderá exigir do locatário o pagamento do aluguel e encargos até o sexto dia útil do mês vincendo.

Se não existir nenhuma modalidade de locação, o texto legal permite que o locador cobre adiantadamente o mês de aluguel, para que não corra o risco de ter o contrato totalmente desprotegido.

Seção VIII
Das Penalidades Criminais e Civis

Art. 43. Constitui contravenção penal, punível com prisão simples de cinco dias a seis meses ou multa de três a doze meses do valor do último aluguel atualizado, revertida em favor do locatário:

O estabelecimento de sanção penal decorre da ação ou omissão violadores de preceito penal, justificando-se pela grave ameaça que tal ato causa à sociedade.

São cominadas sanções que variam de 5 dias a 6 meses de prisão simples ou multa pecuniária equivalente a no mínimo 3 meses e no máximo 12 meses do último aluguel atualizado, sempre revertida em favor do locatário.

As referidas sanções são estendidas ao sublocador que incorrer nas hipóteses previstas nos incisos subsequentes.

I – exigir, por motivo de locação ou sublocação, quantia ou valor além do aluguel e encargos permitidos;

Assevera-se que é passível de punição o locador ganancioso que busca, por meio de ato unilateral, aferir vantagem desleal às expensas do locatário. Posto isso, a lei comina sanção ao praticante desse ato para que, por meio dessa segurança, possa garantir ao locador tranquilidade na execução do contrato. Não se confunde o aumento da quantia locatícia com convenção bilateral, uma vez que convenção é negócio jurídico válido, desde que preencha todos os requisitos. Não se confunde também com o aumento derivado de reajuste por índice oficial permitido por lei.

II – exigir, por motivo de locação ou sublocação, mais de uma modalidade de garantia num mesmo contrato de locação;

Uma vez expressamente vedado por lei, constitui contravenção penal também por força desta o locador que exige mais de uma forma de modalidade de locação, previstas no art. 37 da presente lei; configura-se abuso de posição na relação jurídica.

III – cobrar antecipadamente o aluguel, salvo a hipótese do art. 42 e da locação para temporada.

A antecipação de aluguel só é permitida nos casos previstos nesta lei, caso contrário constituirá contravenção penal. Observa-se que são excluídos os casos que se enquadram nos moldes do art. 42, que prevê a possibilidade de o locador exigir o mês de aluguel adiantado caso o contrato locatício não possuir nenhuma garantia. O artigo ainda confere proteção ao aluguel pago adiantadamente ao proprietário que aluga seu imóvel para temporada.

Art. 44. Constitui crime de ação pública, punível com detenção de três meses a um ano, que poderá ser substituída pela prestação de serviços à comunidade:

Perceptível o caráter omissivo dos delitos praticados, devidamente tipificados nesta lei. Caracteriza-se como crime omissivo aquele em que o agente simplesmente deixa de fazer aquilo que se deve. Observa-se esse caráter omissivo nos incisos I, II e III. No inciso IV está tipificada conduta comissiva do agente, consistindo na prática de um ato lesivo ao bem público.

I – recusar-se o locador ou sublocador, nas habitações coletivas multi-familiares, a fornecer recibo discriminado do aluguel e encargos;

É direito pleno do locatário ou sublocatário receber recibo discriminado de todas as rubricas que compõem a parcela do aluguel. Assevera-se que tais parcelas incluem o valor devido ao locador com os acréscimos dos encargos locatícios, uma vez que a quitação genérica é vedada na forma do art. 22, VI, desta lei.

O recibo é o instrumento pelo qual a quitação genérica se opera, sendo que em juízo é totalmente vedada a prática do recibo via testemunhal. Posto isso, o nobre legislador, buscando conferir proteção extra, atribui à omissão em fornecer recibo na esfera das habitações multifamiliares o caráter de ação pública incondicionada. Ou seja, independe da autorização do lesado para que o processo investigatório se instaure, sendo conduzido pelo Ministério Público. A função social por trás do permissivo legal se escora na premissa da hipossuficiência das famílias que habitam nos "cortiços". Parte-se da admissão de que elas não possuem poder econômico suficiente para que, no caso de não possuírem recibo de quitação, possam buscar outra moradia, restando assim desabrigadas, exponenciando essa mazela social e consequentemente causando prejuízos ainda maiores ao erário público.

> **II – deixar o retomante, dentro de cento e oitenta dias após a entrega do imóvel, no caso do inciso III do art. 47, de usá-lo para o fim declarado ou, usando-o, não o fizer pelo prazo mínimo de um ano;**

O que é colocado à prova é justamente a boa-fé do locador, pois a retomada do imóvel nos termos do art. 47 é para uso próprio ou nas exceções lá previstas, ficando o locador impossibilitado de dar continuidade à relação *ex locato*. Presume-se que o locador utilizará o imóvel para o que ele se propôs dentro do prazo de 180 dias, pelo período mínimo de um ano. Na desobediência do referido dispositivo, o locador não só estará enganando o locatário, mas também estará propositalmente enganando a Justiça, uma vez que esta reconheceu a retomada do imóvel motivada pela justificativa alegada.

> **III – não iniciar o proprietário, promissário comprador ou promissário cessionário, nos casos do inciso IV do art. 9º, inciso IV do art. 47, inciso I do art. 52 e inciso II do art. 53, a demolição ou a reparação do imóvel, dentro de sessenta dias contados de sua entrega;**

O Poder Público, nos termos desta lei, pode ordenar ou autorizar que o imóvel seja desocupado para a realização de obras que importem na sua radical transformação, buscando ampliá-lo ou adequá-lo às normas. Uma vez ordenadas ou autorizadas, as obras devem ter seu início no interregno de sessenta dias, contados da entrega do imóvel ao locador pelo locatário.

> **IV – executar o despejo com inobservância do disposto no § 2º do art. 65.**

Única hipótese de crime comissivo tipificada nesta lei. Consiste primordialmente na vedação da prática de despejar o inquilino até trinta dias após o falecimento do cônjuge, ascendente, descendente ou irmão de qualquer um dos habitantes do imóvel locado. Trata-se do respeito ao período de nojo, buscando a lei assegurar punição àqueles que o descumprem.

> **Parágrafo único. Ocorrendo qualquer das hipóteses previstas neste artigo, poderá o prejudicado reclamar, em processo próprio, multa equivalente a um mínimo de doze e um máximo de vinte e quatro meses do**

valor do último aluguel atualizado ou do que esteja sendo cobrado do novo locatário, se realugado o imóvel.

Sem prejuízo das sanções penais, o locador, que é a parte lesada, poderá pleitear em processo próprio penalidade pecuniária cominando multa cujo valor será de no mínimo 12 meses e no máximo 24 meses do último aluguel praticado ou o valor pago por um novo inquilino, isto é, se houver locação posterior.

Seção IX
Das Nulidades

Art. 45. São nulas de pleno direito as cláusulas do contrato de locação que visem a elidir os objetivos da presente Lei, notadamente as que proíbam a prorrogação prevista no art. 47, ou que afastem o direito à renovação, na hipótese do art. 51, ou que imponham obrigações pecuniárias para tanto.

É princípio fundamental e fundante das relações jurídicas contratuais a observância do princípio da autonomia da vontade, que nada mais é que a liberdade de contratar conferida por lei (art. 421, CC). Porém, a mesma lei que determina que os contratantes possuem liberdade na estipulação de cláusulas e livre disposição dos moldes do negócio determina também que tal princípio seja balizado pela boa-fé objetiva (arts. 113 e 422, CC) e pelas disposições legais que orientam os contratos. Observadas tais premissas, a presente lei vem atribuir conceitos que guiam as relações *ex locato*, de forma a conferir aos contratos que não as seguem o *status* de contratos nulos ou cláusulas nulas, ou seja, contratos ou cláusulas que não possuem força obrigatória entre os contratantes, por desrespeito a dispositivo legal ou pela inobservância de preceitos essenciais à sua correta execução.

Ultrapassada a análise primeira do dispositivo, pode-se aprofundá-la ao comentar sua segunda parte, à qual é dada atenção especial, de forma a reforçá-la e impedir interpretações dúbias do referido dispositivo. O permissivo legal prega que são nulas de pleno direito as cláusulas que proíbam a prorrogação e renovação previstas nos arts. 47 e 51, respectivamente, pois são institutos que visam proteger o locatário de eventuais abusos do locador, bem como visam resguardar o direito a permanecer no imóvel, desde que cumpridas suas obrigações, denunciando também as cláusulas que imponham obrigações pecuniárias para o exercício daqueles direitos. Ora, o diploma legal em análise vem prestigiar a gratuidade do exercício de um direito legal, vedando quaisquer cláusulas atentatórias a esse princípio, de modo que ninguém deverá ser onerado patrimonialmente por exercer um direito conferido por lei, como é o caso que se apresenta.

CAPÍTULO II
DAS DISPOSIÇÕES ESPECIAIS

Seção I
Da Locação Residencial

Consiste em locação residencial, para os fins desta lei, a destinada à exclusiva função de dar guarida à pessoa, de forma a garantir-lhe residência. Possui aspecto social, quando se observa a importância dessa modalidade na problemática da moradia no Brasil. É a forma mais corriqueira de se viabilizar a função social da propriedade e diploma garantidor da dignidade humana, ambos previstos na Constituição Federal.

Partindo dessa premissa, o legislador preocupou-se em trazer disposição especial para tratar dessa modalidade, buscando sempre equalizar a relação jurídica, em especial para garantir a moradia da família e evitar abusos do senhorio.

Art. 46. Nas locações ajustadas por escrito e por prazo igual ou superior a trinta meses, a resolução do contrato ocorrerá findo o prazo estipulado, independentemente de notificação ou aviso.

O fim do prazo contratual é forma inequívoca de ciência do fim da relação obrigacional, sendo desnecessária a notificação do inquilino para que este desocupe o imóvel, já que é seu dever entregá-lo. Com base nas premissas anteriores, a não devolução do imóvel leva o locatário a ser encarado como possuidor de má-fé, ensejando o direito do locador a provocar o Poder Judiciário, a fim de promover a retirada do inquilino do imóvel, sem necessidade de notificação premonitória, por meio da ação de despejo por denúncia vazia.

Observa-se ainda que este artigo estabelece condições para que exista a denúncia vazia. São requisitos legais que o contrato tenha prazo igual ou superior a trinta meses e que o locatário não devolva o imóvel no ínterim de trinta dias.

---

§ 1º Findo o prazo ajustado, se o locatário continuar na posse do imóvel alugado por mais de trinta dias sem oposição do locador, presumir-se-á prorrogada a locação por prazo indeterminado, mantidas as demais cláusulas e condições do contrato.

---

58 | ARTS. 46 E 47

A inércia dos contratantes enseja interpretação contratual presumida por lei, ou seja, considera-se interpretado o contrato no qual as partes se quedam inertes quando possuem o dever de se manifestar. A ausência de manifestação é tida como vontade dos contratantes de permanecerem com aquela relação jurídica, considerando-se prorrogado o contrato de locação por tempo indeterminado, mantendo-se todas as condições e termos anteriormente firmados.

Ainda que o pacto locatício preveja que o contrato somente poderá ser prorrogado pela forma escrita, a aplicabilidade deste parágrafo não se demonstra prejudicada, uma vez que o comando legal não admite que o contrato disponha de cláusula que dite outra forma de prorrogação, de modo que, na ausência de prorrogação escrita, ela ainda será operada plenamente por força deste dispositivo. É assim o entendimento do Superior Tribunal de Justiça: "A existência de cláusula contratual prevendo que a prorrogação do contrato locatício somente poderia se dar por escrito não afasta o comando legal inserto no art. 46, § 1º, da Lei n. 8.245/91, que prevê a possibilidade de prorrogação automática do contrato de locação, por prazo indeterminado. Agravo regimental improvido" (STJ, Ag. Reg. no Ag. n. 1.175.676/MG, rel. Min. Arnaldo Esteves de Lima, j. 02.03.2010, v.u.).

---

§ 2º Ocorrendo a prorrogação, o locador poderá denunciar o contrato a qualquer tempo, concedido o prazo de trinta dias para desocupação.

A denúncia vazia só será admitida desde que preenchidos os requisitos explanados anteriormente. Sendo o contrato por tempo indeterminado por prorrogação e superior a trinta meses, o locador possui a faculdade de denunciar o contrato e retomar para si o imóvel nos moldes dos artigos anteriores.

Art. 47. Quando ajustada verbalmente ou por escrito e com prazo inferior a trinta meses, findo o prazo estabelecido, a locação prorroga-se automaticamente, por prazo indeterminado, somente podendo ser retomado o imóvel:

Imperam aqui os casos nos quais o locador não poderá reaver seu imóvel imotivadamente, ou seja, só poderá denunciar o contrato desde que se incorra em um dos motivos a seguir elencados, será a chamada ação por despejo por denúncia cheia. Observa-se aqui também a substituição da vontade dos contratantes pela vontade da Lei, ou melhor, vontade do bem-estar público, quando especifica que os contratos de locação verbais ou inferiores a trinta meses obtêm sua prorrogação automática sem interferência dos contratantes.

> **I – nos casos do art. 9º;**

O art. 9º dita que a locação pode ser desfeita por distrato (art. 472, CC), por ato comissivo ou omissivo que viole dispositivo legal ou contratual; pelo inadimplemento dos pagamentos de aluguéis (art. 389, CC) e encargos e também por requisição de obras urgentes pelo Poder Público. Para que se consiga a efetivação de todas essas hipóteses, a via adequada é a ação de despejo.

> **II – em decorrência de extinção do contrato de trabalho, se a ocupação do imóvel pelo locatário estiver relacionada com o seu emprego;**

Depreende-se os casos que englobam a moradia utilizada com a finalidade de somente facilitar e viabilizar o exercício de determinado ofício. A título exemplificativo: se um funcionário for deslocado para outro estado para que trabalhe pela empresa e, por conta disso, se originar um contrato de locação, o funcionário poderá ser despejado se a relação empregatícia vier a ruir.

> **III – se for pedido para uso próprio, de seu cônjuge ou companheiro, ou para uso residencial de ascendente ou descendente que não disponha, assim como seu cônjuge ou companheiro, de imóvel residencial próprio;**

São apresentadas duas situações no referido inciso. A primeira é a retomada do imóvel para que o proprietário, seu cônjuge ou companheiro possam utilizá-lo para seu uso pessoal. Importante salientar que a presente lei veio prestigiar os direitos daqueles que são companheiros, ou seja, não possuem o *status* de casados, porém possuem participação na evolução patrimonial e familiar do casal, conforme disposto no Título III do Código Civil. O atual CPC busca equalizar a união estável ao casamento, conforme se verifica em diversos dispositivos, como a necessária inclusão do companheiro nas ações relativas a direitos reais imobiliários, nos termos do art. 73, a legitimação na defesa da meação, nos termos do art. 674, e na abertura de inventário, conforme o art. 616 do CPC. Não se incluem as relações esporádicas entre homem e mulher, pois estas são consideradas concubinato.

A segunda é a retomada do imóvel para o uso residencial de ascendente ou descendente. Significa que, no caso de surgimento superveniente de utilização do imóvel locado por ascendente ou descendente, desde que para uso residencial, ele poderá ser retomado. O inciso estabelece, porém, como condição, que os beneficiários diretos da retomada (cônjuge ou companheiro de ascendente ou descendente) não podem possuir outro imóvel para fins residenciais.

IV – se for pedido para demolição e edificação licenciada ou para a realização de obras aprovadas pelo Poder Público, que aumentem a área construída em, no mínimo, vinte por cento ou, se o imóvel for destinado a exploração de hotel ou pensão, em cinquenta por cento;

Caso em que o proprietário pode retomar seu imóvel se quiser mudar o caráter do imóvel substancialmente, demolindo-o para que se construa outro edifício, ou que a transformação ocorra na ordem de 20% nos imóveis comuns ou compreenda um aumento de 50% nos imóveis que possuírem destinação de exploração de atividades hoteleiras, sejam hotéis ou pensões. Em todos os casos, é necessário que o Poder Público aprove a realização das obras por meio de órgão competente para tanto.

V – se a vigência ininterrupta da locação ultrapassar cinco anos.

Para que se denuncie o contrato de locação, em qualquer modalidade, verbal ou escrita, deverá transcorrer o prazo de cinco anos sem qualquer tipo de interrupção. Importante ainda lembrar que tal proteção vem assegurar a moradia, evitando abusos do locador, ao tratar desse prazo dentro do artigo que regula o desfazimento da relação locatícia nos contratos firmados com prazo inferior a trinta meses.

§ 1º Na hipótese do inciso III, a necessidade deverá ser judicialmente demonstrada, se:

Em todos os casos do parágrafo *sub examine*, é necessária a prova da sinceridade do retomante, pois duvidosas ou, no mínimo, passíveis de provas as hipóteses elencadas no texto legal. Assim, vem este dispositivo proteger o locatário de eventuais artimanhas do locador objetivando reaver o imóvel de forma insincera.

a) o retomante, alegando necessidade de usar o imóvel, estiver ocupando, com a mesma finalidade, outro de sua propriedade situado na mesma localidade ou, residindo ou utilizando imóvel alheio, já tiver retomado o imóvel anteriormente;

Aquele locador que utilizar as prerrogativas de retomada previstas nesta lei e que estiver residindo ou utilizando imóvel de terceiro ou que estiver ocupando algum imóvel situado na mesma localidade do imóvel locado e que já houver retomado o mesmo imóvel em algum momento anterior deverá ter a presunção de veracidade e honestidade de seu pedido colocada em xeque. Deve, portanto, arcar com o ônus de provar que seu pedido é sincero e que não está visando simplesmente retirar o locatário do imóvel nem fraudar lei imperativa.

***b)* o ascendente ou descendente, beneficiário da retomada, residir em imóvel próprio.**

Os ascendentes ou descendentes são titulares do direito de utilizar o imóvel que fora retomado por seus familiares previstos na lei, com a finalidade de provê-los a morada. Porém, é exigência da Lei que esses familiares não possuam imóvel próprio com finalidade residencial. Nesses casos, o retomante deve então provar judicialmente a pertinência e o cabimento de seu pedido de retomada.

§ 2º Nas hipóteses dos incisos III e IV, o retomante deverá comprovar ser proprietário, promissário comprador ou promissário cessionário, em caráter irrevogável, com imissão na posse do imóvel e título registrado junto à matrícula do mesmo.

Se o pedido de retomada se fundamentar nos incisos III e IV deste artigo, que são, respectivamente, os pedidos para uso próprio ou para demolição ou reforma que implique o aumento do imóvel da ordem de 20% ou 50% nos casos de estabelecimentos hoteleiros devidamente aprovados pelo Poder Público, o retomante deverá necessariamente comprovar, de forma inequívoca, que o imóvel a ser retomado é de sua propriedade (arts. 1.225, I, e 1.228, CC), ou se é promissário comprador ou cessionário do bem. Tal exigência é necessária, pois não engloba o locador que é usufrutuário ou credor anticrético do bem, haja vista que estes não possuem título de propriedade, somente lhes é permitida a percepção de frutos daquele imóvel.

Seção II
Da Locação para Temporada

Art. 48. Considera-se locação para temporada aquela destinada à residência temporária do locatário, para prática de lazer, realização de cursos, tratamento de saúde, feitura de obras em seu imóvel, e outros fatos que decorram tão somente de determinado tempo, e contratada por prazo não superior a noventa dias, esteja ou não mobiliado o imóvel.

As hipóteses contidas no artigo em epígrafe tratam das locações realizadas com a finalidade de se destinar um imóvel a outrem, desde que seja por tempo não superior a noventa dias, com o escopo de dar moradia ao período de férias, para prática de lazer, realização de cursos, tratamento de saúde, realização de obras em seu imóvel, entre outros. Destaque-se que as hipóteses previstas são a título exemplificativo, e não exaustivas, podendo então ser complementadas por eventualidades que se encaixem nos moldes. O prazo que a lei estabeleceu é tempo razoável para que o inquilino cumpra seu propósito, sendo que, ultrapassado tal prazo, a locação automaticamente prorroga-se por tempo indeterminado, equiparando-se à locação residencial comum.

A 4ª Turma do STJ entendeu que os condomínios residenciais podem impedir o uso de imóveis para locação para temporada pela alta rotatividade gerando um desconforto condominial. O REsp n. 1.819.075, do Rio Grande do Sul, pode ser analisado inclusive sob a égide dos casos do Airbnb. Segue ementa:

> Direito civil. Recurso especial. Condomínio edilício residencial. Ação de obriga-
> ção de não fazer. Locação fracionada de imóvel para pessoas sem vínculo entre si,
> por curtos períodos. Contratações concomitantes, independentes e informais, por
> prazos variados. Oferta por meio de plataformas digitais especializadas diversas.
> Hospedagem atípica. Uso não residencial da unidade condominial. Alta rotativi-
> dade, com potencial ameaça à segurança, ao sossego e à saúde dos condôminos.
> Contrariedade à convenção de condomínio que prevê destinação residencial. Re-
> curso improvido. 1. Os conceitos de domicílio e residência (CC/2002, arts. 70 a
> 78), centrados na ideia de permanência e habitualidade, não se coadunam com as
> características de transitoriedade, eventualidade e temporariedade efêmera, pre-
> sentes na hospedagem, particularmente naqueles moldes anunciados por meio de
> plataformas digitais de hospedagem. 2. Na hipótese, tem-se um contrato atípico
> de hospedagem, que se equipara à nova modalidade surgida nos dias atuais, mar-
> cados pelos influxos da avançada tecnologia e pelas facilidades de comunicação e
> acesso proporcionadas pela rede mundial da internet, e que se vem tornando bas-
> tante popular, de um lado, como forma de incremento ou complementação de ren-
> da de senhorios, e, de outro, de obtenção, por viajantes e outros interessados, de
> acolhida e abrigo de reduzido custo. 3. Trata-se de modalidade singela e inovado-
> ra de hospedagem de pessoas, sem vínculo entre si, em ambientes físicos de estru-
> tura típica residencial familiar, exercida sem inerente profissionalismo por aque-
> le que atua na produção desse serviço para os interessados, sendo a atividade
> comumente anunciada por meio de plataformas digitais variadas. As ofertas são
> feitas por proprietários ou possuidores de imóveis de padrão residencial, dotados
> de espaços ociosos, aptos ou adaptados para acomodar, com certa privacidade e
> limitado conforto, o interessado, atendendo, geralmente, à demanda de pessoas
> menos exigentes, como jovens estudantes ou viajantes, estes por motivação turís-
> tica ou laboral, atraídos pelos baixos preços cobrados. 4. Embora aparentemente
> lícita, essa peculiar recente forma de hospedagem não encontra, ainda, clara defi-
> nição doutrinária, nem tem legislação reguladora no Brasil, e, registre-se, não se

confunde com aquelas espécies tradicionais de locação, regidas pela Lei 8.245/91, nem mesmo com aquela menos antiga, genericamente denominada de aluguel por temporada (art. 48 da Lei de Locações). 5. Diferentemente do caso sob exame, a locação por temporada não prevê aluguel informal e fracionado de quartos existentes num imóvel para hospedagem de distintas pessoas estranhas entre si, mas sim a locação plena e formalizada de imóvel adequado a servir de residência temporária para determinado locatário e, por óbvio, seus familiares ou amigos, por prazo não superior a 90 dias. 6. Tampouco a nova modalidade de hospedagem se enquadra dentre os usuais tipos de hospedagem ofertados, de modo formal e profissionalizado, por hotéis, pousadas, hospedarias, motéis e outros estabelecimentos da rede tradicional provisória de alojamento, conforto e variados serviços à clientela, regida pela Lei 11.771/2008. 7. O direito de o proprietário condômino usar, gozar e dispor livremente do seu bem imóvel, nos termos dos arts. 1.228 e 1.335 do CC/2002 e 19 da Lei 4.591/64, deve harmonizar-se com os direitos relativos à segurança, ao sossego e à saúde das demais múltiplas propriedades abrangidas no condomínio, de acordo com as razoáveis limitações aprovadas pela maioria de condôminos, pois são limitações concernentes à natureza da propriedade privada em regime de condomínio edilício. 8. O CC, em seus arts. 1.333 e 1.334, concede autonomia e força normativa à convenção de condomínio regularmente aprovada e registrada no Cartório de Registro de Imóveis competente. Portanto, existindo na Convenção de Condomínio regra impondo destinação residencial, mostra-se indevido o uso de unidades particulares que, por sua natureza, implique o desvirtuamento daquela finalidade (CC/2002, arts. 1.332, III, e 1.336, IV). 9. Não obstante, ressalva-se a possibilidade de os próprios condôminos de um condomínio edilício de fim residencial deliberarem em assembleia, por maioria qualificada (de dois terços das frações ideais), permitir a utilização das unidades condominiais para fins de hospedagem atípica, por intermédio de plataformas digitais ou outra modalidade de oferta, ampliando o uso para além do estritamente residencial e, posteriormente, querendo, incorporarem essa modificação à Convenção do Condomínio. 10. Recurso especial desprovido (STJ, REsp n. 1.819.075, 4ª T., rel. Min. Raul Araújo, j. 20.04.2021).

Parágrafo único. No caso de a locação envolver imóvel mobiliado, constará do contrato, obrigatoriamente, a descrição dos móveis e utensílios que o guarnecem, bem como o estado em que se encontram.

A mobília que, eventualmente, possa ser parte do imóvel deverá ser minuciosamente descrita e relacionada, devidamente individualizada, para que seja dotada de proteção jurídica. Ao final do período da vigência do contrato de locação, pode ser vistoriada, para que se possa aferir eventuais danos, a fim de que estes sejam computados e devidamente cobrados do inquilino. Não

64 | ARTS. 48 A 50   COMENTÁRIOS À LEI DE LOCAÇÕES

havendo a referida relação, o locador fica à mercê das provas (art. 212, CC) que ele mesmo deverá produzir para comprovar a existência do bem móvel. Além disso, deve provar inequivocamente seu dano, de forma que a questão será resolvida em sede de perdas e danos.

> **Art. 49. O locador poderá receber de uma só vez e antecipadamente os aluguéis e encargos, bem como exigir qualquer das modalidades de garantia previstas no art. 37 para atender as demais obrigações do contrato.**

A locação para temporada configura-se como exceção no que tange ao pagamento dos alugueres, posto que a regra definida no art. 43, III, veda a cobrança antecipada. A lei permite, além de se cobrar antecipadamente, que se cobre a totalidade do período que durar o contrato. Além disso, para garantir eventuais danos ao imóvel e aos bens que o guarnecem, permite também que se constitua alguma das modalidades de garantia previstas no art. 37 desta Lei.

> **Art. 50. Findo o prazo ajustado, se o locatário permanecer no imóvel sem oposição do locador por mais de trinta dias, presumir-se-á prorrogada a locação por tempo indeterminado, não mais sendo exigível o pagamento antecipado do aluguel e dos encargos.**

Ocorrerá desvio de uso se o locatário não sair do imóvel no prazo convencionado e, cumulativamente, o locador não se opuser a esse fato. Presume-se, nesse caso, que os dois estão de acordo com a continuação da relação *ex locato*. A lei, contudo, não poderá conferir a essa relação continuada tratamento especial, pois o contrato de locação para temporada foi renunciado no momento da inércia dos contratantes. Equipara-se, portanto, à locação residencial por tempo indeterminado, sendo vedada a cobrança antecipada dos alugueres, bem como dos encargos, pois tal prática só poderia ser aplicada em caráter excepcional.

> **Parágrafo único. Ocorrendo a prorrogação, o locador somente poderá denunciar o contrato após trinta meses de seu início ou nas hipóteses do art. 47.**

Em continuação ao explicado anteriormente, uma vez equiparado o contrato à locação residencial por tempo indeterminado, as hipóteses de desfazimento do contrato de locação também serão submetidas aos casos previstos no art. 47, já detalhadas anteriormente.

Seção III
Da Locação não Residencial

Art. 51. Nas locações de imóveis destinados ao comércio, o locatário terá direito a renovação do contrato, por igual prazo, desde que, cumulativamente:

Importante a presença de uma seção dedicada somente às relações locatícias que possuem caráter não residencial. O texto legal aqui analisado não se confunde com prorrogação nem com novação de contrato. Trata-se, sim, de renovação do contrato, pois na prorrogação utiliza-se a mesma relação jurídica, modificando-se apenas o valor cobrado a título de aluguel e o prazo de vigência da relação *ex locato*, enquanto na novação modificam-se os sujeitos ou o objeto do contrato, resultando então em uma nova relação jurídica e obrigacional. Na renovação sempre se terá um novo contrato, com o mesmo objeto e os mesmos sujeitos, atualizando-se o valor da locação. Nota-se que o contrato objeto da renovação não se estende no tempo, devendo elaborar-se novo contrato. Tal fenômeno acontecerá por convenção entre as partes ou pela via judicial por meio de ação renovatória.

Quando a renovação da relação locatícia ocorrer na forma convencional, o contrato poderá ser prorrogado automaticamente, ajustando-se os termos dele *a posteriori*. É possível também a previsão de renovação no contrato original, assim como os novos termos. Em ambos os casos, a renovação se dará tão logo se extinguir o prazo da locação original, e será dispensável a via judicial, tendo em vista o caráter pacífico da convenção. A ação renovatória só teria cabimento nos casos de renovação convencional caso fosse objeto de controvérsia o valor do aluguel, isto é, se este não possuísse previsão contratual e fosse estipulado em ocasião posterior.

I – o contrato a renovar tenha sido celebrado por escrito e com prazo determinado;

O instrumento escrito pelo qual o contrato de locação se exterioriza é requisito formal necessário para que possa gozar da proteção conferida pela renovatória. Deverá ser celebrado, ainda, com prazo determinado. Corroborando esse entendimento, o Tribunal de Justiça do Estado de São Paulo tem entendido reiteradamente que: "Contrato de locação comercial firmado pelo prazo de

66 | ART. 51

COMENTÁRIOS À LEI DE LOCAÇÕES

quarenta e oito (48) meses e prorrogado por prazo indeterminado. Ausência dos requisitos legais ensejadores da renovatória. Inexistência do direito. Recurso desprovido" (TJSP, AC n. 990.10.271659-7, rel. Des. Campos Petroni, j. 24.08.2010, v.u.).

II – o prazo mínimo do contrato a renovar ou a soma dos prazos ininterruptos dos contratos escritos seja de cinco anos;

A vigência da relação *ex locato* deve durar no mínimo cinco anos, sem que haja nenhum tipo de interrupção. Ou seja, os contratos devem possuir fluidez entre um e outro, ou, se houver somente um contrato, deverá ter prazo mínimo de cinco anos. Conclui-se que o contrato que se estende pelo tempo de forma indeterminada não está amparado pela proteção jurídica da renovação.

III – o locatário esteja explorando seu comércio, no mesmo ramo, pelo prazo mínimo e ininterrupto de três anos.

O triênio protegido tem a função de resguardar o bem incorpóreo constituído no decorrer do exercício pelo locatário. São verdadeiros patrimônios do comerciante seu ponto e sua clientela, devendo ambos serem devidamente protegidos pela lei.

O fundo de comércio nada mais é que a construção, ao longo do tempo, da clientela e do notório reconhecimento de seu estabelecimento, bem como a fidelidade de seus fregueses. Reconhece-se três anos como tempo mínimo para que se construa esse patrimônio.

Injusto seria se a lei não protegesse o detentor desse fundo de comércio, posto que é fruto exclusivo do trabalho do comerciante e que, em muitos casos, é intransferível, intimamente ligado ao local físico em que está estabelecido. Caso o locatário perca o ponto comercial, este dificilmente será transferido para outro local com a mesma clientela.

O prazo aqui determinado é de fundamental importância, pois é lapso temporal definido por lei como o prazo mínimo para que se crie e se desenvolva fundo de comércio suficientemente aferível, passível de ser protegido, de forma a não causar prejuízo ao comerciante. Essencial ainda a observação do cumprimento estrito de tal prazo de forma ininterrupta, pois inócuo seria se assim não fosse considerado.

Uma questão bastante interessante que tem se pacificado perante o STJ é a ação renovatória no caso de instalação de estação de rádio base, ou seja, antena de telefonia. A ementa a seguir traz com clareza o entendimento da 3ª Turma do STJ em relação a essa questão:

> Recurso especial. Ação renovatória. Extinção do processo sem resolução do mérito por falta de interesse processual. Imóvel locado para instalação de estação de rádio base. Concessionária de serviço de telefonia celular. Estrutura essencial ao exercício da atividade. Fundo de comércio. Caracterização. Interesse processual. Existência. Julgamento: CPC/15. 1. Ação renovatória de locação de imóvel ajuizada em 29.06.2015, da qual foi extraído o presente recurso especial, interposto em 14.03.2018 e concluso ao gabinete em 26.10.2018. 2. O propósito recursal é dizer se a "estação rádio base" (ERB) instalada em imóvel locado caracteriza fundo de comércio de empresa de telefonia móvel celular, a conferir-lhe o interesse processual no manejo de ação renovatória fundada no art. 51 da Lei n. 8.245/91. 3. Por sua relevância econômica e social para o desenvolvimento da atividade empresarial, e, em consequência, para a expansão do mercado interno, o fundo de comércio mereceu especial proteção do legislador, ao instituir, para os contratos de locação não residencial por prazo determinado, a ação renovatória, como medida tendente a preservar a empresa da retomada injustificada pelo locador do imóvel onde está instalada (art. 51 da Lei n. 8.245/91). 4. Se, de um lado, a ação renovatória constitui o mais poderoso instrumento de proteção do fundo empresarial, de outro lado, também concretiza a intenção do legislador de evitar o locupletamento do locador, inibindo o intento de se aproveitar da valorização do imóvel resultante dos esforços empreendidos pelo locatário no exercício da atividade empresarial. 5. As estações de rádio base (ERBs), popularmente reconhecidas como "antenas", emitem sinais que viabilizam as ligações por meio dos telefones celulares que se encontram em sua área de cobertura (célula). E a formação de uma rede de várias células – vinculadas às várias ERBs instaladas – permite a fluidez da comunicação, mesmo quando os interlocutores estão em deslocamento, bem como possibilita a realização de várias ligações simultâneas, por meio de aparelhos situados em diferentes pontos do território nacional e também do exterior. 6. As ERBs se apresentam como verdadeiros centros de comunicação espalhados por todo o território nacional, cuja estrutura, além de servir à própria operadora, responsável por sua instalação, pode ser compartilhada com outras concessionárias do setor de telecomunicações, segundo prevê o art. 73 da Lei n. 9.472/97, o que, dentre outras vantagens, evita a instalação de diversas estruturas semelhantes no mesmo local e propicia a redução dos custos do serviço. 7. As ERBs são, portanto, estruturas essenciais ao exercício da atividade de prestação de serviço de telefonia celular, que demandam investimento da operadora, e, como tal, integram o fundo de comércio e se incorporam ao seu patrimônio. 8. O cabimento da ação renovatória não está adstrito ao imóvel para onde converge a clientela, mas se irradia para todos os imóveis locados com o fim de promover o pleno desenvolvimento da atividade empresarial, porque, ao fim e ao cabo, contribuem para a manutenção ou crescimento da clientela. 9. A locação

de imóvel por empresa prestadora de serviço de telefonia celular para a instalação das ERBs está sujeita à ação renovatória. 10. Recurso especial conhecido e provido (STJ, REsp n. 1.790.074-SP, 3ª T., rel. Min. Nancy Andrighi, j. 25.06.2019).

Em suma, aluguel de terreno para instalação de antena de celular está sujeito à ação renovatória.

§ 1º O direito assegurado neste artigo poderá ser exercido pelos cessionários ou sucessores da locação; no caso de sublocação total do imóvel, o direito a renovação somente poderá ser exercido pelo sublocatário.

O instituto da renovatória nas locações comerciais é proteger a construção do fundo de comércio realizado pelo locatário. Porém o sublocatário, quando houver, é o real titular dessa proteção, posto que detém a posse direta do imóvel e o utiliza com finalidade comercial, de modo que é esse trabalho que deve ser protegido.

§ 2º Quando o contrato autorizar que o locatário utilize o imóvel para as atividades de sociedade de que faça parte e que a esta passe a pertencer o fundo de comércio, o direito a renovação poderá ser exercido pelo locatário ou pela sociedade.

O sócio de uma sociedade pode ser locatário de um imóvel e, nesse contrato locatício, pode-se estipular que ele o utilize com o escopo de exercer atividade comercial em nome da sociedade. O direito à renovação é garantido tanto a um como ao outro, de forma que a lei não diferencia a pessoa que está figurando como sujeito, e sim quem de fato está exercendo o direito a ser protegido.

§ 3º Dissolvida a sociedade comercial por morte de um dos sócios, o sócio sobrevivente fica sub-rogado no direito a renovação, desde que continue no mesmo ramo.

O *de cujus* que era sócio da empresa que exercia a atividade comercial não constitui óbice no que tange à renovação do contrato locatício com finalidade não residencial. Tornando-se unipessoal, conforme o art. 1.033 do CC, a sociedade deverá ser extinta ou ser constituído novo sócio no prazo de 180 dias. Ultrapassada essa fase, o sócio remanescente poderá permanecer com o ponto comercial, sendo protegido pela renovatória, desde que continue a exercer o mesmo ramo de atividade.

Entende-se pelo mesmo ramo de atividade aquele que não confunde o consumidor (vide Lei n. 8.078/90), ou seja, de correlação estrita com a atividade anterior, de modo que aos olhos do homem médio não possua distinção.

> **§ 4º O direito a renovação do contrato estende-se às locações celebradas por indústrias e sociedades civis com fim lucrativo, regularmente constituídas, desde que ocorrentes os pressupostos previstos neste artigo.**

O parágrafo busca delimitar o alcance do direito à renovação compulsória do contrato locatício, entendendo e seguindo na mesma esteira de que o direito à renovatória só incide naqueles casos em que é desenvolvido fundo de comércio, que é exatamente o objeto da proteção da lei. Excluídos estão os profissionais liberais, tais como médicos, advogados e correlatos; porém seus escritórios, desde que atingidas as finalidades desta lei, estarão também abrigados pela proteção conferida por ela.

> **§ 5º Do direito a renovação decai aquele que não propuser a ação no interregno de um ano, no máximo, até seis meses, no mínimo, anteriores à data da finalização do prazo do contrato em vigor.**

O prazo imposto é decadencial, ou seja, o prazo correrá independentemente de motivos externos, e seu fim é inexorável, não sendo aplicável nenhuma das hipóteses de suspensão ou interrupção, como é de característica do fenômeno da prescrição.

Por possuir prazo estabelecido em lei, a renovatória só tem validade se proposta nesse ínterim, sendo que se intempestiva, o locatário não gozará dos benefícios da renovatória. Assim, se o locatário propuser uma ação renovatória e durante seu curso vencer prazo para propositura de outra, o autor necessariamente deverá propor nova ação sem prejuízo daquela que a antecedeu, afinal a tempestividade e o dever de vigilância do direito são ônus daquele que o detém. Se não observados os prazos aqui impostos, o detentor do direito à renovação verá seu direito decair pelo prazo.

> **Art. 52. O locador não estará obrigado a renovar o contrato se:**

A lei define que o locatário possui direito a renovação de seu contrato de locação e que este possui caráter compulsório ao locador, de modo a substituir a autonomia da vontade dos contratantes, visando o bem-estar social. Posto isso, o artigo *sub examine* determina os casos em que o caráter compulsório não possui mais obrigatoriedade, ou seja, o locatário não possuirá o direito a renovação.

I – por determinação do Poder Público, tiver que realizar no imóvel obras que importarem na sua radical transformação; ou para fazer modificação de tal natureza que aumente o valor do negócio ou da propriedade;

O Poder Público pode determinar que o imóvel se adapte ao disposto na legislação, determinando que se façam as modificações ou reformas que venham a agregar valor à propriedade ou a alterar substancialmente sua natureza, de tal sorte que a própria lei libera o locador de renovar compulsoriamente a locação.

II – o imóvel vier a ser utilizado por ele próprio ou para transferência de fundo de comércio existente há mais de um ano, sendo detentor da maioria do capital o locador, seu cônjuge, ascendente ou descendente.

Assim como nas locações para fins residenciais, o locador possui direito de retomada de seu imóvel. Porém, na modalidade de locação para fins comerciais, sua abrangência é restrita aos casos em que o locador retoma somente para uso próprio ou para sociedade de que faça parte ele próprio, seu cônjuge, ascendente ou descendente e possua a maioria de seu capital. É necessário, também, que o locador possua fundo de comércio estabelecido há mais de um ano, considerando o tempo mínimo de três anos para que se considere estabelecido o fundo de comércio, e mais um ano, tratando-se de requisito legal.

§ 1º Na hipótese do inciso II, o imóvel não poderá ser destinado ao uso do mesmo ramo do locatário, salvo se a locação também envolvia o fundo de comércio, com as instalações e pertences.

Quando o retomante utilizar-se da permissividade da lei para reaver seu imóvel, não poderá se aproveitar do fundo de comércio estabelecido pelo locatário. Previne-se aqui que o locador utilize-se de artimanhas para auferir vantagem ilícita às expensas do locatário. Tal premissa é inaplicável, contudo, quando o fundo de comércio for o objeto da locação, ou seja, o trabalho de se estabelecer o fundo de comércio não foi do locatário e sim do locador, e o valor agregado foi objeto da locação também, devendo então ser devolvido ao senhorio.

> § 2º Nas locações de espaço em *shopping centers*, o locador não poderá recusar a renovação do contrato com fundamento no inciso II deste artigo.

A doutrina aponta acertadamente a atipicidade do contrato de *shopping center*, pois, em essência, trata-se de atividade econômica inerente ao empreendedor e, em paralelo, e que sem ela seria impraticável, há a atividade comercial do lojista. Trata-se, de fato, de um duplo fundo de comércio, o qual é merecedor da proteção da renovatória.

Outro aspecto essencial para que se entenda o contrato atípico (art. 425, CC) é que ele necessita de regulação específica, que ainda não possui, aplicando-se então a lei inquilinária, devendo ser interpretada por força legal no que tange à proteção ao fundo de comércio, buscando-se evitar assim o enriquecimento sem causa do empreendedor (arts. 884 a 886, CC).

> § 3º O locatário terá direito a indenização para ressarcimento dos prejuízos e dos lucros cessantes que tiver que arcar com a mudança, perda do lugar e desvalorização do fundo de comércio, se a renovação não ocorrer em razão de proposta de terceiro, em melhores condições, ou se o locador, no prazo de três meses da entrega do imóvel, não der o destino alegado ou não iniciar as obras determinadas pelo Poder Público ou que declarou pretender realizar.

Das hipóteses trazidas à baila pelo parágrafo *sub examine* extrai-se que o locador, quando declinar da renovação do contrato por proposta de terceiros, deverá ressarcir o inquilino. Importante ressaltar que a melhor proposta não necessariamente significa um aumento no *quantum* do aluguel, mas deve ser analisada como um todo para que se possa quantificá-la. Nas outras hipóteses, a lei abrange os casos em que o senhorio declina da renovação com o escopo de realizar obras. Quando não o faz, caracteriza-se desvio de uso do imóvel, ensejando assim ressarcimento de todos os prejuízos causados, bem como das despesas que eventualmente o inquilino teve de suportar. Comprovando a correição deste comentário e corroborando o real intuito da lei, o Superior Tribunal de Justiça entende que: "Ocorrendo a destinação diversa da alegada, para o imóvel retomado para uso próprio, nos termos do art. 52, II, da Lei de Locações, tem o Locatário direito à indenização prevista no § 3º do mencionado artigo" (STJ, REsp n. 969.995/PR, rel. Min. Laurita Vaz, unânime, j. 26.08.2010).

Art. 53

Art. 53. Nas locações de imóveis utilizados por hospitais, unidades sanitárias oficiais, asilos, estabelecimentos de saúde e de ensino autorizados e fiscalizados pelo Poder Público, bem como por entidades religiosas devidamente registradas, o contrato somente poderá ser rescindido:

Caput *com redação dada pela Lei n. 9.256, de 09.01.1996.*

O legislador buscou proteger a função social essencial que é exercida pelos estabelecimentos hospitalares e educacionais regulados e fiscalizados pelo Poder Público, haja vista que a defesa destes é princípio defendido pela Constituição Federal. Tal proteção se exterioriza em uma maior rigidez e um estreitamento de possibilidades de retomada e rescisão contratual.

Em alguns casos, a jurisprudência sedimenta que o registro do estabelecimento de entidades religiosas poderá ser dispensado, uma vez que a intenção do legislador é evitar a burla do dispositivo legal ancorada em exigências burocráticas. Nesse sentido, a convicção do Tribunal de Justiça de São Paulo quando dita que: "Imóvel urbano para fins não residenciais. Despejo por denúncia vazia. Descabimento. Bem ocupado para a prática de atividades religiosas. Espiritismo que, em tais circunstâncias, se equipara a religião, para a finalidade ora discutida. Impossibilidade de ser denunciado o contrato de locação, por ato unilateral do locador. Irrelevância da falta de registro da entidade, uma vez não negada a finalidade da locatária. Desalijo decretado. Apelação provida para inversão do resultado do julgamento" (TJSP, AC n. 990.09.252.637-5, rel. Des. Sebastião Flávio, j. 01.06.2010, v.u.).

I – nas hipóteses do art. 9º;

Nos casos de imóveis utilizados por hospitais, unidades sanitárias oficiais, asilos, estabelecimentos de saúde e de ensino autorizados e fiscalizados pelo Poder Público, bem como por entidades religiosas devidamente registradas, a locação poderá ser desfeita exclusivamente por mútuo acordo, em decorrência da prática de infração legal ou contratual, em decorrência da falta de pagamento do aluguel e demais encargos, para a realização de reparações urgentes determinadas pelo Poder Público, que não possam ser normalmente executadas com a permanência do locatário no imóvel ou, podendo, ele se recuse a consenti-las.

A previsão legal do protecionismo a essas instituições se justifica pelo bem-estar social que elas representam e que se sobrepõe ao interesse particular.

II – se o proprietário, promissário comprador ou promissário cessionário, em caráter irrevogável e imitido na posse, com título registrado, que haja quitado o preço da promessa ou que, não o tendo feito, seja autorizado pelo proprietário, pedir o imóvel para demolição, edificação licenciada ou reforma que venha a resultar em aumento mínimo de cinquenta por cento da área útil.

Nota-se aqui uma limitação que a Lei impõe nas hipóteses de rescisão contratual dessas modalidades de estabelecimentos, pois para o promissário comprador não basta a apresentação do instrumento de promessa de venda e compra em caráter irrevogável, é necessária também a apresentação do instrumento de quitação da promessa avençada e, em última hipótese, é possível suprir a prova de quitação por meio de autorização expressa e escrita do proprietário do imóvel autorizando que o promissário retome o imóvel para demolição, edificação licenciada ou reforma que venha a resultar em um aumento real de 50% da área útil do imóvel.

Art. 54. Nas relações entre lojistas e empreendedores de *shopping center*, prevalecerão as condições livremente pactuadas nos contratos de locação respectivos e as disposições procedimentais previstas nesta Lei.

Em primeira análise, é necessário que façamos a correta definição do que é considerado *shopping center*. Conforme a ABRASCE (Associação Brasileira de *Shopping Centers*), *shopping center* é um centro comercial planejado, composto por estabelecimentos comerciais diversificados, sujeitos a normas condominiais, de forma a assegurar a convivência e o equilíbrio comercial mediante pagamento de aluguel variável de acordo com o faturamento de cada loja.

A autonomia da vontade é preservada por completo, uma vez que a lei permite que o locatário e o locador, quando se tratar de *shopping center*, possuam liberdade de contratar (art. 421, CC). Devem, por óbvio, ser respeitadas as cláusulas que são parte do negócio jurídico, ressalvadas as balizas que a lei busca apresentar a fim de equalizar a relação entre os contratantes, bem como dar guarida aos princípios aqui defendidos.

Mesmo admitindo-se a atipicidade do contrato (art. 425, CC) de *shopping center*, a presente lei traz para si a competência regulatória exclusiva na esfera procedimental, de forma que quaisquer controvérsias seguirão procedimento previsto nesta lei.

§ 1º O empreendedor não poderá cobrar do locatário em *shopping center*:

a) as despesas referidas nas alíneas a, b e d do parágrafo único do art. 22; e

Não é possível que se cobre do locatário de espaço em *shopping centers*: obras de reformas ou acréscimos que interessem à estrutura integral do imóvel, que não são recorrentes a ponto de se tornarem ordinárias; pintura das fachadas, empenas, poços de aeração e iluminação e das esquadrias externas, pois também não são habituais; e ainda indenizações trabalhistas e previdenciárias pelas dispensas de empregados ocorridas em data anterior ao início da locação, eis que estranhas à relação locatícia.

b) as despesas com obras ou substituições de equipamentos, que impliquem modificar o projeto ou o memorial descritivo da data do habite-se e obras de paisagismo nas partes de uso comum.

As obras realizadas no empreendimento devem ser arcadas pelo proprietário, uma vez que este é o imediato beneficiário desses reparos. Assim ocorre também com o investimento em paisagismo que possa resultar em valorização do fundo de comércio, cujas obras são de inteira responsabilidade do empreendedor, pois ele se beneficiará com a valorização imediata do fundo de comércio do *shopping center* e receberá também pelo consequente aumento das vendas realizadas pelos lojistas (locatários).

§ 2º As despesas cobradas do locatário devem ser previstas em orçamento, salvo casos de urgência ou força maior, devidamente demonstradas, podendo o locatário, a cada sessenta dias, por si ou entidade de classe exigir a comprovação das mesmas.

Para que se evite a surpresa dos locatários e eventuais cobranças abusivas, as despesas a ele repassadas devem ter prévia previsão orçamentária, salvo os casos de urgência ou força maior, por sua própria natureza. Visando a transparência, a Lei estabelece que o locatário ou entidade de classe que o represente pode exigir a comprovação das despesas a cada período de sessenta dias.

Art. 54-A. Na locação não residencial de imóvel urbano na qual o locador procede à prévia aquisição, construção ou substancial reforma, por si mesmo ou por terceiros, do imóvel então especificado pelo pretendente à locação, a fim de que seja a este locado por prazo determinado, prevalecerão as condições livremente pactuadas no contrato respectivo e as disposições procedimentais previstas nesta Lei.

Artigo acrescentado pela Lei n. 12.744, de 19.12.2012.

Sendo a locação não residencial de imóvel urbano, na qual o locador previamente realize construção, reforma ou mesmo aquisição de imóvel especificado por locatário em potencial, a fim de pactuarem locação por prazo determinado, deverão ser observadas as disposições no contrato firmado entre ambos, pautando-se pela presente Lei.

§ 1º Poderá ser convencionada a renúncia ao direito de revisão do valor dos aluguéis durante o prazo de vigência do contrato de locação.

Em sede contratual, poderá ser convencionada a renúncia à revisão dos aluguéis, durante o prazo de vigência pactuado pelo contrato, em homenagem à autonomia da vontade.

§ 2º Em caso de denúncia antecipada do vínculo locatício pelo locatário, compromete-se este a cumprir a multa convencionada, que não excederá, porém, a soma dos valores dos aluguéis a receber até o termo final da locação.

Se o referido contrato for denunciado antes de seu termo final pelo locatário, este deverá arcar com a multa contratualmente prevista. O valor imposto, contudo, não poderá ser superior à soma dos aluguéis, caso o contrato não seja rescindido antecipadamente.

§ 3º (Vetado.)

Art. 55. Considera-se locação não residencial quando o locatário for pessoa jurídica e o imóvel destinar-se ao uso de seus titulares, diretores, sócios, gerentes, executivos ou empregados.

Considera-se excluída das locações residenciais aquela que, muito embora se destine à morada de pessoas, seja o locatário pessoa jurídica e utilize o imóvel para residência exclusiva de seus funcionários, sócios, gerentes, diretores e demais membros necessários ao corpo empresarial, por tratar-se, na prática, de locação que se destina ao funcionamento perfeito da empresa.

Art. 56. Nos demais casos de locação não residencial, o contrato por prazo determinado cessa, de pleno direito, findo o prazo estipulado, independentemente de notificação ou aviso.

O contrato de locação não residencial que possui prazo determinado não necessita da prévia notificação ao locatário para informá-lo de seu término, uma vez que este já era de conhecimento dos contratantes. Sendo ambos conhecedores de seus direitos e obrigações, não há necessidade de serem notificados por quaisquer vias. Contudo, é de praxe que o locador, visando garantir de forma última seu direito de retomar o imóvel, notifique o locatário do término do contrato, estabelecendo prazo para que ele desocupe o imóvel.

> **Parágrafo único. Findo o prazo estipulado, se o locatário permanecer no imóvel por mais de trinta dias sem oposição do locador, presumir-se-á prorrogada a locação nas condições ajustadas, mas sem prazo determinado.**

A lei define a inércia como ratificador de vontade, ou seja, a vontade de prorrogar a locação se manifesta por ato omissivo, de forma presumida. Assim, quando os contratantes se omitem por mais de trinta dias, sem apresentar nenhuma oposição, seja por parte do senhorio em não proceder à retomada do imóvel ou por parte do inquilino em não sair espontaneamente do imóvel locado, considera-se presumida a prorrogação da relação *ex locato* nos exatos termos do contrato que a originou. Seu tempo de vigência, contudo, se torna indeterminado.

> **Art. 57. O contrato de locação por prazo indeterminado pode ser denunciado por escrito, pelo locador, concedidos ao locatário trinta dias para a desocupação.**

Em oposição ao contrato de locação por tempo determinado que dispensa a notificação premonitória, a lei determina que os contratos que possuem prazo indeterminado, ou seja, aqueles que não possuem data especificada para seu término, podem ter finda a relação *ex locato* por denúncia vazia. Dá-se antecedência de trinta dias para que o locatário desocupe o imóvel.

DIREITOS DO LOCADOR E DO LOCATÁRIO	
DIREITOS DO LOCADOR	DIREITOS DO LOCATÁRIO
No caso de não existir um acordo entre as partes, após 3 anos de vigência do contrato ou do acordo que foi realizado anteriormente, o locador pode pedir revisão judicial do aluguel, com o propósito de ajustá-lo ao preço de mercado (art. 19).	No caso de não existir um acordo entre as partes, após 3 anos de vigência do contrato ou do acordo que foi realizado anteriormente, o locatário pode pedir revisão judicial do aluguel, com o propósito de ajustá-lo ao preço de mercado (art. 19).

(continua)

(continuação)

O contrato de locação por prazo indeterminado pode ser denunciado por escrito, pelo locador, concedidos ao locatário 30 dias para a desocupação (art. 57).	O locador, durante o prazo estipulado para a duração do contrato, não poderá reaver o imóvel alugado. Já o locatário, com exceção do que estipula o § 2º do art. 54-A, pode devolvê-lo pagando a multa pactuada, proporcional ao período de cumprimento do contrato, ou, se não houver multa estipulada, a que for judicialmente determinada (art. 4º). O locatário poderá ainda denunciar a locação por prazo indeterminado mediante aviso por escrito ao locador, com antecedência mínima de 30 dias (art. 6º).
Quando o locatário for responsável pelo pagamento dos tributos, encargos e despesas ordinárias de condomínio, o locador pode cobrar essas verbas juntamente com o aluguel do mês a que se refiram (art. 25).	Conforme o art. 20, o locador não poderá exigir o pagamento antecipado do aluguel, salvo quando a locação não estiver garantida por nenhuma das modalidades legais, e no caso da locação para temporada, prevista a partir do art. 48.
	Os locatários ou sublocatários que deixarem o imóvel não serão obrigados a pagar o aluguel durante a execução das obras necessárias à regularização de imóveis utilizados como habitação coletiva multifamiliar (art. 24, § 2º).
O locador pode, no contrato de locação, exigir do locatário uma das seguintes modalidades de garantia (art. 37): – caução; – fiança; – seguro de fiança locatícia; – cessão fiduciária de quotas de fundo de investimento. O locador pode exigir um novo fiador ou a substituição da modalidade de garantia, quando ocorrerem os seguintes casos (art. 40): – morte do fiador;	O locatário tem preferência para adquirir o imóvel locado em igualdade de condições com terceiros, devendo o locador dar-lhe conhecimento do negócio por meio de notificação judicial, extrajudicial ou outro meio de ciência inequívoca no caso de (art. 27): – venda; – promessa de venda; – cessão; – promessa de cessão de direitos; – dação em pagamento.

(continua)

(continuação)

– ausência, interdição, recuperação judicial, falência ou insolvência do fiador, declaradas judicialmente; – alienação ou gravação de todos os bens imóveis do fiador ou sua mudança de residência sem comunicar ao locador; – exoneração do fiador; – prorrogação da locação por prazo indeterminado, sendo a fiança ajustada por prazo certo; – desaparecimento dos bens móveis; – desapropriação ou alienação do imóvel; – exoneração de garantia constituída por quotas de fundo de investimento; – liquidação ou encerramento do fundo de investimento de que trata o inciso IV do art. 37; – prorrogação da locação por prazo indeterminado uma vez notificado o locador pelo fiador de sua intenção de desoneração, ficando obrigado por todos os efeitos da fiança, durante 120 dias após a notificação ao locador.	
Na modalidade de locação para temporada, o locador poderá receber os aluguéis e encargos de forma antecipada e de uma só vez e também poderá exigir qualquer uma das modalidades de garantia previstas no art. 37 para atender às demais obrigações do contrato (art. 49).	Necessitando o imóvel de reparos urgentes, cuja realização incumba ao locador, e se os reparos durarem mais de 10 dias, o locatário terá direito ao abatimento do aluguel, proporcional ao período excedente; se durarem mais de 30 dias, poderá resilir o contrato (art. 26, parágrafo único). As benfeitorias necessárias e introduzidas pelo locatário, ainda que não autorizadas pelo locador, bem como as úteis, desde que autorizadas, são indenizáveis e permitem o exercício do direito de retenção, salvo expressa disposição contratual em contrário (art. 35).

(continua)

(continuação)

O locador não estará obrigado a renovar o contrato de imóvel não residencial no caso de: – haver determinação do Poder Público segundo a qual o locatário tenha de realizar no imóvel obras que o transformem radicalmente; – ou para fazer modificações de tal natureza para aumentar o valor do negócio ou da propriedade; – ou ainda quando o imóvel começar a ser utilizado por ele mesmo ou para transferência de fundo de comércio existente há mais de 1 ano, sendo detentor da maioria do capital o locador, seu cônjuge, ascendente ou descendente. Nesse último caso, o imóvel não poderá ser destinado ao uso do mesmo ramo do locatário, salvo se a locação também envolvia o fundo de comércio, com as instalações e pertences (art. 52). Esse artigo não se aplica às locações em *shopping centers*.

Nas locações de imóveis destinados ao comércio, o locatário terá direito à renovação do contrato, por igual prazo, desde que, cumulativamente (art. 51):
– o contrato a renovar tenha sido celebrado por escrito e com prazo determinado;
– o prazo mínimo do contrato a renovar ou a soma dos prazos ininterruptos dos contratos escritos seja de 5 anos;
– o locatário esteja explorando seu comércio, no mesmo ramo, pelo prazo mínimo e ininterrupto de 3 anos;
Nas hipóteses do art. 52, o locatário terá direito a indenização para ressarcimento dos prejuízos e dos lucros cessantes com que tiver de arcar com mudança, perda do lugar e desvalorização do fundo de comércio, se a renovação não ocorrer em razão de proposta de terceiro, em melhores condições, ou se o locador, no prazo de 3 meses da entrega do imóvel, não der o destino alegado ou não iniciar as obras determinadas pelo Poder Público ou que declarou pretender realizar (art. 52, § 3º).

DEVERES DO LOCADOR E DO LOCATÁRIO

DEVERES DO LOCADOR	DEVERES DO LOCATÁRIO
Entregar o imóvel alugado ao locatário em estado de servir ao uso para o qual ele foi destinado, garantindo seu uso pacífico. Deve manter também a forma e o destino do imóvel e responder pelos vícios ou defeitos anteriores à locação (art. 22, I a IV).	Servir-se do imóvel para o uso convencionado ou presumido, compatível com a natureza deste e com o fim a que se destina, devendo tratá-lo com o mesmo cuidado como se fosse seu (art. 23, II), restituindo o imóvel no estado em que o recebeu, salvo as deteriorações decorrentes do seu uso normal (art. 23, III). Além disso, não deve modificar a forma interna ou externa do imóvel sem o consentimento prévio e por escrito do locador (art. 23, VI).

(continua)

80 | COMENTÁRIOS À LEI DE LOCAÇÕES

(continuação)

Em caso de solicitação do locatário, fornecer a descrição detalhada do estado do imóvel, quando ele for entregue, com expressa referência aos defeitos já existentes antes da locação, bem como fornecer ao locatário recibo discriminado das importâncias pagas por ele, vedada a quitação genérica (art. 22, V e VI).	Permitir a vistoria do imóvel pelo locador ou por seu mandatário, mediante combinação prévia de dia e hora, bem como admitir que seja o imóvel visitado e examinado por terceiros, na hipótese prevista no art. 27 (art. 23, IX), levar imediatamente ao conhecimento do locador o surgimento de qualquer dano ou defeito cuja reparação a este incumba, bem como as eventuais turbações de terceiros (art. 23, IV) e realizar a imediata reparação dos danos verificados no imóvel, ou nas suas instalações, provocados por si, seus dependentes, familiares, visitantes ou prepostos (art. 23, V).
Pagar as taxas de administração imobiliária, todos os impostos devidos e ainda o prêmio de seguro complementar contra fogo; mostrar, quando solicitado, ao locatário, os comprovantes relativos às parcelas que estejam sendo exigidas (art. 22, VII a IX).	Pagar pontualmente o aluguel e os encargos da locação, legal ou contratualmente exigíveis, no prazo determinado ou, em sua falta, até o sexto dia útil do mês seguinte ao vencido, no imóvel locado, quando outro local não tiver sido indicado no contrato (art. 23, I). Deve também pagar o prêmio do seguro de fiança (art. 23, XI), as despesas de telefone e de consumo de força, luz e gás, água e esgoto (art. 23, VIII). Por fim, cabe ao locatário entregar imediatamente ao locador os documentos de cobrança de tributos e encargos condominiais, bem como qualquer intimação, multa ou exigência de autoridade pública, ainda que dirigida a ele, locatário (art. 23, VII).
Pagar as despesas extraordinárias de condomínio (art. 22, X), entre as quais: – obras de reformas ou acréscimos que interessem à estrutura integral do imóvel; – pintura das fachadas, empenas, poços de aeração e iluminação e esquadrias externas; – obras destinadas a repor as condições de habitabilidade do edifício; – indenizações trabalhistas e previdenciárias, ocorridas em data anterior ao início da locação;	Pagar as despesas ordinárias de condomínio, desde que comprovados a previsão orçamentária e o rateio mensal, podendo exigir a qualquer tempo sua comprovação (art. 23, XII, e § 2º), entre as quais: – salários, encargos trabalhistas, contribuições previdenciárias e sociais dos empregados do condomínio; – faturas de água e esgoto, gás, luz e força das áreas de uso comum; – limpeza, conservação e pintura das dependências de uso comum;

(continua)

(continuação)

– instalação de equipamento de segurança e de incêndio, telefonia, intercomunicação e de esporte e lazer; – despesas de decoração e paisagismo nas partes de uso comum; – constituição de fundo de reserva.	– manutenção e conservação das instalações e equipamentos hidráulicos, elétricos, mecânicos e de segurança, de uso comum, bem como das áreas destinadas à prática de esportes e lazer; – manutenção e conservação de elevadores, porteiro eletrônico e antenas coletivas; – pequenos reparos nas dependências e instalações elétricas e hidráulicas de uso comum; – rateios de saldo devedor, exceto nos referentes a período anterior ao início da locação; – reposição do fundo de reserva, total ou parcialmente utilizado para fazer frente às despesas enumeradas anteriormente, salvo se referentes a período anterior ao início da locação.
O locatário tem preferência para adquirir o imóvel locado em igualdade de condições com terceiros, devendo o locador dar-lhe conhecimento do negócio por meio de notificação judicial, extrajudicial ou outro meio de ciência inequívoca nos casos previstos no art. 27.	Pagar a multa contratual se rescindido, por vontade do locatário, o contrato de locação por prazo determinado, nos termos do art. 4º. Em caso de denúncia antecipada do vínculo locatício pelo locatário, no caso previsto no art. 54-A, o locatário compromete-se a cumprir a multa convencionada, que não excederá, porém, a soma dos valores dos aluguéis a receber até o termo final da locação (art. 54-A, § 2º).

TÍTULO II
DOS PROCEDIMENTOS

CAPÍTULO I
DAS DISPOSIÇÕES GERAIS

Art. 58. Ressalvados os casos previstos no parágrafo único do art. 1º, nas ações de despejo, consignação em pagamento de aluguel e acessório da locação, revisionais de aluguel e renovatórias de locação, observar-se--á o seguinte:

O artigo em tela vem reforçar o império da lei inquilinária nas relações locatícias de imóveis urbanos e rurais, sejam residenciais ou não residenciais e de temporada, excetuando-se aqueles que são regidos exclusivamente pelo Código Civil.

I – os processos tramitam durante as férias forenses e não se suspendem pela superveniência delas;

Por ser federal, a lei inquilinária se sobrepõe às normas de organização judiciária estaduais que regulam a tramitação dos processos durante o curso das férias forenses. É consagrado o caráter público e urgente das ações que versam sobre relações locatícias quando a lei dita que as ações dessa estirpe não se suspendem de forma alguma em função de férias forenses, seja em seu curso ou se já em andamento, pela superveniência delas.

Nesse sentido, o art. 215, III, do atual CPC, em disposição semelhante à do código anterior, determina que tramitam durante as férias forenses e não são suspensos com sua superveniência os processos que, dessa forma, a lei determinar, como é o caso das locações.

II – é competente para conhecer e julgar tais ações o foro do lugar da situação do imóvel, salvo se outro houver sido eleito no contrato;

A regra que vige no ordenamento jurídico brasileiro é que o foro de propositura de ação é o do domicílio do réu, exceto nas ressalvas previstas em lei, e é exatamente o que se apresenta aqui, quando se estabelece como foro o lugar da situação do imóvel. Contudo, a lei inquilinária, privilegiando a autonomia da vontade, deixa a critério dos contratantes a eleição do foro que será competente para o julgamento das causas relativas ao contrato de locação, tornando então a matéria de competência disponível para que os contratantes pactuem a respeito.

Conforme exigência do art. 63, § 1º, do CPC, o foro de eleição deverá constar expressamente, por escrito, no contrato de locação. Embora a relação locatícia não se materialize em contrato de adesão, existe a possibilidade de a cláusula de eleição ser abusiva, casos em que poderá ser afastada pelo Poder Judiciário.

No caso de ação proposta perante juízo incompetente, a incompetência do juízo deverá ser alegada pela parte, não mais por via de exceção de incompetência, mas por preliminar no corpo da própria contestação (art. 64 do CPC), o que veio a simplificar consideravelmente o procedimento. No silêncio, presume-se prorrogada a competência.

III – o valor da causa corresponderá a doze meses de aluguel, ou, na hipótese do inciso II do art. 47, a três salários vigentes por ocasião do ajuizamento;

A lei aqui estabelece o valor que deverá ser atribuído à causa quando o objeto da contenda for a relação *ex locato*. Depreende-se que, em regra, o valor da causa deve ser equivalente a doze meses de aluguel, mas há exceções oriundas das próprias lacunas da lei, nas hipóteses de contratos de aluguéis com duração inferior a doze meses, como é o caso da locação por temporada (nessa hipótese, o valor atribuído à causa será o valor do contrato). No caso de contrato de locação oriundo de vínculo empregatício, será atribuído o valor de três salários vigentes na ocasião do ajuizamento da ação.

No caso de pedidos cumulados, o Código de Processo Civil, em seu art. 292, VI, estabelece que o valor da causa corresponderá à soma de cada pedido. Aplicando tal entendimento à Lei de Locações, a princípio, parece ser o caso do valor da causa na ação de despejo cumulada com cobrança de alugueres, em que o valor da causa seria, na prática, de doze meses de aluguel (referentes à ação de despejo), somado ao valor do débito efetivamente perseguido.

Contudo, o novel artigo reproduz quase a literalidade do artigo correspondente na legislação anterior (art. 259, II, do CPC/73). Enquanto vigente o dispositivo anterior, o STJ firmou entendimento no sentido de que a Lei de Locações deve prevalecer. Dessa forma, o valor da causa deve se restringir a doze meses de aluguel, ainda que nos casos de pedidos cumulados (REsp n. 673.231/SP, 6ª T., rel. Min. Hamilton Carvalhido, j. 30.06.2005, *DJ* 29.08.2005, p. 459). Assim, em que pese o CPC/2015 ser legislação mais recente, por sua especialidade, a Lei de Locações deve continuar a prevalecer.

IV – desde que autorizado no contrato, a citação, intimação ou notificação far-se-á mediante correspondência com aviso de recebimento, ou, tratando-se de pessoa jurídica ou firma individual, também mediante telex ou fac-símile, ou, ainda, sendo necessário, pelas demais formas previstas no Código de Processo Civil;

O atual CPC prevê a existência da possibilidade de as intimações, citações e demais comunicações processuais serem realizadas por meio eletrônico. A Lei de Locações inovou nesse aspecto, atribuindo novos métodos de comunicação processual nas ações que versem sobre relações locatícias, como citação mediante telex ou fac-símile e desde que seja pessoa jurídica, uma vez que se presume que o dono da empresa ou seu preposto terá conhecimento da citação, notificação ou intimação a ele enviada. No caso ainda das pessoas jurídicas, com exceção das microempresas e empresas de pequeno porte, a citação deverá se dar preferencialmente por meio eletrônico, conforme o art. 246, § 1º, do CPC.

V – os recursos interpostos contra as sentenças terão efeito somente devolutivo.

A lei aqui protege o locador das eventuais artimanhas processuais engendradas pelos patronos do locatário que, a fim de se utilizarem das brechas da legislação processual, buscam procrastinar o feito, muitas vezes com recursos infundados que atravancam o processo.

O CPC é cristalino ao determinar que, em regra, se atribui à apelação o efeito suspensivo, uma vez que sobre o efeito devolutivo, que devolve ao tribunal *ad quem* a matéria impugnada, não pairavam dúvidas desde o código anterior. É o teor do art. 1.012 da nova lei processual. Contudo, existem hipóteses excepcionais, previstas no corpo do código e na legislação, nas quais, se fosse atribuído efeito suspensivo à decisão, pela própria natureza da matéria, em última instância, poder-se-ia colocar em cheque sua própria eficácia.

Ora, tal como não se admite efeito suspensivo nas decisões que versem sobre alimentos ou interdição, a legislação inquilinária atual já previa, desde o CPC/1973, que, em sede de discussão a respeito da relação locatícia, os eventuais recursos contra sentença, seja por meio de apelação ou embargos de declaração, possuem somente o efeito devolutivo.

Sendo a sentença desprovida de efeito suspensivo, é possível seu cumprimento provisório, nos termos do art. 520 do CPC, que corre por conta e risco do exequente. Ou seja, este deverá responder pelos danos causados ao executado em caso de eventual modificação do ato jurisdicional.

CAPÍTULO II
DAS AÇÕES DE DESPEJO

Art. 59. Com as modificações constantes deste Capítulo, as ações de despejo terão o rito ordinário.

A lei do inquilinato foi promulgada na égide do Código Processual de 1973. Na ocasião, inseridos no procedimento comum, havia o rito sumário e o ordinário. Por expressa previsão legal, as ações de despejo seguiam o trâmite do rito ordinário, no qual o autor deveria elaborar sua peça exordial nos moldes dos arts. 282 e 283 do CPC/73, sob pena de ser considerada inepta e o feito ser extinto sem resolução do mérito. Se escorreita a inicial, o juiz determinaria a citação do réu e consequentemente sua intimação para que respondesse no prazo de quinze dias.

A entrada em vigor do atual CPC inovou substancialmente no procedimento. Pela nova legislação, foram extintos os ritos sumário e ordinário, prevalecendo apenas um único rito, o comum, sob o qual a ação de despejo deverá tramitar, além do rito sumaríssimo dos Juizados Especiais, previsto para as causas de menor potencial ofensivo.

A peça inicial da ação de despejo atualmente deve seguir as disposições dos arts. 319 e seguintes do CPC, com novo prazo de quinze dias para emenda, caso deixe de atender aos requisitos elencados.

Ato contínuo, o réu será citado, mas não mais para apresentar sua defesa. O Código de Processo Civil prevê a realização de audiência de conciliação e mediação, com antecedência mínima de trinta dias, devendo o réu ser citado, ao menos, com vinte dias de antecedência. Apenas se não for obtido acordo, se uma das partes não comparecer, ou se ambas as partes dispensarem a audiência de conciliação e mediação, será fixado o prazo de quinze dias para apresentação da contestação, nos termos do art. 335 do CPC.

A reconvenção, quando houver, deverá integrar o bojo da contestação. O mesmo vale para a impugnação ao valor da causa, exceção de incompetência e impugnação ao pedido de gratuidade da Justiça, já que os referidos incidentes processuais foram extintos pelo CPC/2015.

Em recente decisão, a 3ª Turma do STJ entendeu que:

> Recurso especial. Direito civil e processual civil. Ação de despejo. Locação não residencial. Término do contrato. Rescisão imotivada. Existência de colocadores. Litisconsórcio ativo necessário. Inexistente. Situações excepcionalíssimas. Ajuizamento do despejo. Trinta dias após termo final. Notificação prévia. Desnecessidade. [...]

2. O propósito recursal consiste em determinar se houve irregularidade no polo ativo da ação de despejo, em razão da ausência de todos os locadores, bem como se ocorreu, na hipótese, a prorrogação por prazo indeterminado do contrato de locação em discussão, por ausência de notificação extrajudicial nos trinta dias seguintes ao término do prazo contratual. 3. O tema da admissibilidade ou não do litisconsórcio ativo necessário envolve limitação ao direito constitucional de agir, que se norteia pela liberdade de demandar, devendo-se admiti-lo apenas em situações excepcionais. 4. Na hipótese, não há razão para que se inclua entre essas situações excepcionais para a formação do litisconsórcio ativo necessário o pedido de despejo por encerramento do contrato de locação. 5. É permitido ao locador ajuizar diretamente a ação de despejo, prescindindo da notificação prévia, desde que o ajuizamento ocorra nos trinta dias seguintes ao termo final do contrato. 6. Recurso especial conhecido e desprovido (STJ, REsp n. 1.737.476-SP, 3ª T., rel. Min. Nancy Andrighi, j. 04.02.2020).

Ou seja, a ação de despejo não precisa de todos os proprietários (art. 1.225, I, do CC) do imóvel no polo ativo da ação, seja pelo direito de ação, seja por conta da regra do art. 1.314 do CC, segundo a qual cada coproprietário pode reinvidicar a coisa de terceiro.

---

§ 1º Conceder-se-á liminar para desocupação em quinze dias, independentemente da audiência da parte contrária e desde que prestada a caução no valor equivalente a três meses de aluguel, nas ações que tiverem por fundamento exclusivo:

A Lei de Locações estabelece a possibilidade de concessão liminar *inaudita altera pars*, desde que requerida. Ou seja, para que se conceda a prestação jurisdicional precária, o juízo não necessita da manifestação do réu, uma vez que, nesses casos, a lei presume que são razões suficientemente relevantes para que seja concedida a liminar.

Contudo, como a prestação jurisdicional precária em forma de medida liminar em nada se confunde com a tutela antecipada, pois a liminar concedida não possui o condão de extinguir a relação *ex locato*, e sim proceder à simples desocupação do imóvel para que sejam discutidos os pormenores da ação em momento posterior, nota-se, de pronto, que a presunção de relevância é relativa, uma vez que a lei exige que seja prestada caução do valor equivalente a três meses de aluguel, a fim de se ressarcir eventuais prejuízos experimentados pelo réu caso a demanda seja improcedente. Trata-se de medida assecuratória do gravame, possuindo o efeito segurador do direito subjetivo do réu.

O caráter unilateral da concessão da medida se faz essencial nesses casos, pois se o réu fosse ouvido, provavelmente ocorreria a tentativa de frustrar o objetivo desta lei, porém o rol elencado nos incisos subsequentes não é satisfativo, de acordo com o entendimento jurisprudencial paulista, uma vez que a nobre corte decidiu que é "perfeitamente possível o deferimento de despejo em sede de antecipação de tutela de mérito para outras situações, fora das hipóteses previstas no art. 59, § 1º, da Lei de Locações, desde que satisfeitos os requisitos do art. 273 do Código de Processo Civil. Agravo improvido" (TJSP, AI n. 990.10.040977-8, rel. Des. Andrade Neto, j. 06.10.2010, v.u.).

Nesse sentido, temos a possibilidade de aplicação da tutela antecipada em caráter antecedente, prevista no art. 303 do CPC, para as hipóteses em que a urgência da questão for contemporânea à propositura da ação. Nesse caso, a petição inicial poderá se limitar à questão urgente, para a qual se busca a tutela antecipada. Uma vez concedida, *inaudita altera pars*, o autor será convocado à emenda da inicial para esclarecer fatos e direitos, inclusive produzindo provas relativas à tutela final requerida, por exemplo, a extinção da relação locatícia, se esta já não houver sido apresentada na peça inicial, junto ao pedido da tutela antecipada.

Apenas superado esse momento, o réu será citado para a audiência de conciliação e, subsequentemente, para oferecer sua contestação, se for o caso de não ser obtido acordo, nos termos previstos para o rito comum. Contudo, temos como delicada a estabilização da decisão de despejo proferida em tutela antecipada de caráter antecedente. O art. 304 do CPC preleciona que, não sendo interposto o recurso de agravo de instrumento, a decisão que concedeu a tutela antecipada em caráter antecedente se torna estável, passível de gerar a extinção do processo. Temos então que o agravo de instrumento tem o condão de evitar o despejo liminar, com pedido baseado na nova sistemática da tutela de evidência.

Além disso, o locatário, na iminência de ser despejado, ainda possui ferramenta a ele garantida pela Lei de Locações, quando esta estabelece que o pagamento do valor atualizado tem o condão de impedir a rescisão do contrato de locação. Ou seja, parece haver aqui mais uma hipótese legal afastando a cristalização da decisão em caráter antecedente.

I – o descumprimento do mútuo acordo (art. 9º, inciso I), celebrado por escrito e assinado pelas partes e por duas testemunhas, no qual tenha sido ajustado o prazo mínimo de seis meses para desocupação, contado da assinatura do instrumento;

O instrumento de distrato (art. 472, CC) é contrato autônomo que possui por objeto desfazer outro contrato. É o instrumento pelo qual as partes, por mútuo acordo, expressam sua vontade de aniquilar relação contratual anterior. Sendo assim, por ser contrato autônomo, deve preencher os requisitos previstos na legislação civilista, ou seja, deve conter as assinaturas das partes, bem como a presença de duas testemunhas para que o contrato possua eficácia e validade. A lei inquilinária prevê que o distrato, corretamente elaborado e que avence que a desocupação do imóvel ocorrerá em seis meses, deverá ser cumprido em sua integridade. Assim, vencido o prazo estabelecido, há ensejo à ação de despejo com pedido de liminar.

II – o disposto no inciso II do art. 47, havendo prova escrita da rescisão do contrato de trabalho ou sendo ela demonstrada em audiência prévia;

Rescindido o contrato de trabalho, a liminar será concedida para que o locatário desocupe o imóvel. A prova, porém, deve ser escrita ou inequívoca, apresentada em sede de audiência preliminar.

III – o término do prazo da locação para temporada, tendo sido proposta a ação de despejo em até trinta dias após o vencimento do contrato;

A ação de despejo é o instrumento pelo qual o locador, em até trinta dias após o vencimento do contrato, se insurge contra a prorrogação da relação *ex locato*. Até mesmo porque, se assim não o fizer, estará anuindo com a presença do locatário e prorrogando automaticamente a relação locatícia. Ou seja, caso se quede inerte, com o decurso do prazo estabelecido no presente inciso, não poderá mais manejar a ação de despejo, devendo aguardar trinta meses para que retome o imóvel por denúncia vazia ou baseado nas hipóteses do art. 47 para os casos de retomada motivada.

IV – a morte do locatário sem deixar sucessor legítimo na locação, de acordo com o referido no inciso I do art. 11, permanecendo no imóvel pessoas não autorizadas por lei;

A locação só pode ser passível de sucessão nos termos do art. 11, I, ou seja, podem suceder o *de cujus* na relação locatícia: o cônjuge sobrevivente ou companheiro e, sucessivamente, os herdeiros necessários e as pessoas que viviam em sua dependência econômica, desde que residentes no imóvel. Na ausência de qualquer um dos insertos nessas condições, considera-se desautorizada por lei a sucessão na locação, ensejando o deferimento da medida liminar em benefício do locador na ação de despejo.

V – a permanência do sublocatário no imóvel, extinta a locação, celebrada com o locatário;

O contrato de sublocação é contrato acessório ao contrato de locação, ou seja, o sublocatário está sujeito às consequências sofridas pelo locador, sendo que o primeiro, sublocatário, não poderá subsistir sem a existência do segundo, o locatário, já que um deriva do outro. Partindo dessa premissa, no momento em que a locação é extinta, a sublocação também o é, ficando então o sublocatário possuidor ilegítimo do imóvel, situação essa inadmissível no sistema jurídico brasileiro.

VI – o disposto no inciso IV do art. 9º, havendo a necessidade de se produzir reparações urgentes no imóvel, determinadas pelo poder público, que não possam ser normalmente executadas com a permanência do locatário, ou, podendo, ele se recuse a consenti-las;
Inciso acrescentado pela Lei n. 12.112, de 09.12.2009.

A hipótese abordada no art. 9º, IV, prediz que, no caso de existência de obras determinadas pelo Poder Público, o locatário deve deixar o imóvel quando os reparos não puderem ser realizados com sua permanência. Porém, se ele se recusar a deixar o imóvel, a medida de urgência se faz imperiosa na forma de decisão precária em sede de ação de despejo.

VII – o término do prazo notificatório previsto no parágrafo único do art. 40, sem apresentação de nova garantia apta a manter a segurança inaugural do contrato;
Inciso acrescentado pela Lei n. 12.112, de 09.12.2009.

Após o vencimento do prazo de trinta dias sem a apresentação da devida garantia, que é característica dos contratos locatícios, na forma do art. 40, há ensejo para a ação de despejo. Consideram-se garantias aptas a manter a segurança inaugural do contrato aquelas previstas no art. 37 desta lei, desde que a garantia oferecida seja suficientemente considerável a fim de securitizar a relação *ex locato*.

VIII – o término do prazo da locação não residencial, tendo sido proposta a ação em até 30 (trinta) dias do termo ou do cumprimento de notificação comunicando o intento de retomada;
Inciso acrescentado pela Lei n. 12.112, de 09.12.2009.

O prazo de trinta dias contados do termo ou do cumprimento de notificação comunicando o intento de retomada, conhecida como notificação premonitória, que informa de maneira indubitável a intenção do locador de reaver o imóvel para si baseado nas hipóteses de retomada previstas, é o limite para que o locador ingresse com ação de despejo com a faculdade de obter decisão liminar. Proposta em prazo superior, não será mais possível que o autor pleiteie decisão liminar com base na hipótese autorizadora em tela, mas, a princípio, não há nenhuma vedação para que persiga a tutela de evidência, devendo a jurisprudência futura pacificar essa questão.

IX – a falta de pagamento de aluguel e acessórios da locação no venci-mento, estando o contrato desprovido de qualquer das garantias previstas no art. 37, por não ter sido contratada ou em caso de extinção ou pedido de exoneração dela, independentemente de motivo.
Inciso acrescentado pela Lei n. 12.112, de 09.12.2009.

Na locação que não possui garantia ou que tem sua devida garantia na imi-nência de exoneração e cujo locatário não pague devidamente o valor pactuado, restando para o locador créditos atrasados, não haveria maneiras de forçar o pagamento por meio da execução da garantia. Assim, temos hipótese autori-zadora de ação de despejo com pedido de liminar, uma vez que o locatário não pode permanecer no imóvel às expensas do locador.

---

§ 2º Qualquer que seja o fundamento da ação dar-se-á ciência do pedi-do aos sublocatários, que poderão intervir no processo como assistentes.

Os sublocatários serão terceiros intervenientes no gravame que envolva o despejo, em qualquer hipótese, devendo ser cientificados da propositura da ação para que possam figurar como assistentes, com o escopo de auxiliar o sublocador a vencer a contenda. Trata-se de hipótese de assistência simples ou adesiva, uma vez que se trata de interesse apenas indireto do sublocatário. Nessa modalidade, o sublocatário atuará como auxiliar da parte principal, o locatário, com os mesmos poderes e ônus processuais do assistido, nos termos do art. 121 do CPC, podendo inclusive ser substituto processual, em caso de revelia do locatário.

---

§ 3º No caso do inciso IX do § 1º deste artigo, poderá o locatário evitar a rescisão da locação e elidir a liminar de desocupação se, dentro dos 15 (quinze) dias concedidos para a desocupação do imóvel e independente-mente de cálculo, efetuar depósito judicial que contemple a totalidade dos valores devidos, na forma prevista no inciso II do art. 62.
Parágrafo acrescentado pela Lei n. 12.112, de 09.12.2009.

A purga da mora é direito do locatário, porém só terá validade se realizada com a boa-fé que é inerente aos negócios jurídicos. Reputa-se, portanto, nula a purgação da mora realizada com o escopo de pagar em atraso e forçar o locador a receber em juízo, obrigando-o a gastar dinheiro com advogados e demais despesas necessárias para que sejam recebidos os valores em juízo. Por tal razão, o legislador impossibilitou a purgação parcial da mora, que deverá contemplar, obrigatoriamente, todos os valores em aberto, incluindo-se os encargos locatícios, juros de mora, honorários advocatícios, acessórios da locação e demais encargos que acompanham a relação *ex locato*, assim como todas as penalidades previstas contratualmente.

A Corte Paulista, em aclarado entendimento, sedimenta que: "A contestação somente tem efeito desconstitutivo do direito do locador quando acompanhada da importância tida como incontroversa, cuja aferição e depósito são de responsabilidade exclusiva do locatário" (TJSP, AC n. 990.10.045917-1, rel. Des. Antônio Benedito Ribeiro Pinto, j. 30.09.2010, v.u.).

Art. 60. Nas ações de despejo fundadas no inciso IV do art. 9º, inciso IV do art. 47 e inciso II do art. 53, a petição inicial deverá ser instruída com prova da propriedade do imóvel ou do compromisso registrado.

Se as hipóteses fundamentadoras da retomada do imóvel forem: aquelas que envolvam a rescisão da locação para reparos ou obras urgentes determinadas pelo Poder Público, em que a ausência do locatário é necessária; demolição e edificação licenciada para obras aprovadas pelo Poder Público, que aumentem substancialmente na ordem de 20% para imóvel residencial e na ordem de 50% se a destinação for a exploração de hotéis ou pensão; ou demolição ou edificação licenciada de prédio utilizado por hospital, asilo, estabelecimento de saúde ou de ensino autorizados e fiscalizados pelo Poder Público, deverá o autor da ação apresentar prova inequívoca de propriedade ou, se promissário comprador, apresentar compromisso devidamente registrado.

Art. 61. Nas ações fundadas no § 2º do art. 46 e nos incisos III e IV do art. 47, se o locatário, no prazo da contestação, manifestar sua concordância com a desocupação do imóvel, o juiz acolherá o pedido fixando prazo de seis meses para a desocupação, contados da citação, impondo ao vencido a responsabilidade pelas custas e honorários advocatícios de vinte por cento sobre o valor dado à causa. Se a desocupação ocorrer dentro do prazo fixado, o réu ficará isento dessa responsabilidade; caso contrário, será expedido mandado de despejo.

O fundamento da ação de despejo de que trata este artigo são os casos em que o locador retoma o imóvel para seu uso próprio, de seu cônjuge, ascendentes ou descendentes que não possuam outro imóvel residencial ou nos casos de denúncia vazia nos contratos com prazo superior a trinta meses prorrogados por tempo indeterminado e, por derradeiro, nos casos de reforma aprovada pelo Poder Público que aumente a área construída em 20%, se residencial, ou 50%, nos casos de hotéis ou pensões. Observadas tais características, o réu locatário que for citado em ação de despejo e que manifestar sua concordância deverá ter seu pedido acolhido, e o magistrado designará o prazo de seis meses para desocupação do imóvel, devendo este ser cumprido, pois se não o for o réu arcará com todas as despesas processuais, que são compostas pelas custas e honorários advocatícios.

Art. 62. Nas ações de despejo fundadas na falta de pagamento de aluguel e acessórios da locação, de aluguel provisório, de diferenças de aluguéis, ou somente de quaisquer dos acessórios da locação, observar-se-á o seguinte:
Caput *com redação dada pela Lei n. 12.112, de 09.12.2009.*

O propósito da ação de despejo por falta de pagamento é configurar o descumprimento obrigacional por parte do locatário, seja pelo não pagamento do valor da locação propriamente dito bem como pelo inadimplemento de quaisquer outros encargos acessórios, conjunta ou individualmente. A lei não diferencia a maneira nem quais valores ensejarão o ingresso da ação de despejo; muito pelo contrário, o presente diploma legal abrange todas as hipóteses de inadimplemento.

I – o pedido de rescisão da locação poderá ser cumulado com o pedido de cobrança dos aluguéis e acessórios da locação; nesta hipótese, citar-se-á o locatário para responder ao pedido de rescisão e o locatário e os fiadores para responderem ao pedido de cobrança, devendo ser apresentado, com a inicial, cálculo discriminado do valor do débito;
Inciso *com redação dada pela Lei n. 12.112, de 09.12.2009.*

O pedido de despejo por si só não possui o condão de cobrar os aluguéis em aberto ou os que vencerão. Em verdade, possui o escopo de somente exterminar a relação *ex locato*. Porém a novel legislação, com o intuito de desafogar o Poder Judiciário e prestigiar o princípio da economia processual e da não multiplicação de processos, possibilita a cumulação de ritos e permite que no bojo da ação de despejo ocorram as respectivas cobranças dos valores inadimplidos, bem como dos valores vincendos, de forma a reduzir a quantidade de processos. Dessa forma, as duas tutelas poderão ser perseguidas no bojo do mesmo processo. Conforme já demonstrado, o valor da causa deverá ser correspondente ao de doze meses de aluguel.

> **II – o locatário e o fiador poderão evitar a rescisão da locação efetuando, no prazo de 15 (quinze) dias, contado da citação, o pagamento do débito atualizado, independentemente de cálculo e mediante depósito judicial, incluídos:**
>
> *a)* **os aluguéis e acessórios da locação que vencerem até a sua efetivação;**
> *b)* **as multas ou penalidades contratuais, quando exigíveis;**
> *c)* **os juros de mora;**
> *d)* **as custas e os honorários do advogado do locador, fixados em dez por cento sobre o montante devido, se do contrato não constar disposição diversa;**
>
> *Inciso com redação dada pela Lei n. 12.112, de 09.12.2009.*

Importante diferenciar o pleito do valor devido e do término da relação locatícia. Na primeira situação, somente é requerido o pagamento dos valores devidos, vencidos ou vincendos, e na segunda pleiteia-se a extinção da relação locatícia como um todo.

O presente inciso visa fornecer a chance do locatário de permanecer no imóvel, dando continuidade e efetividade ao contrato de locação, de forma a permitir a purgação da mora, ou seja, permite-se ao locatário e ao seu fiador o pagamento, por meio de depósito judicial, do valor completo das obrigações inadimplidas, bem como dos juros de mora, custas e honorários processuais, multas e penalidades, quando previstas contratualmente. Uma vez realizado esse pagamento no prazo de quinze dias, o juiz extinguirá o processo, e a relação contratual permanecerá intacta.

Importante questão nascida com a nova legislação processual civil diz respeito ao marco inicial para contagem do prazo de quinze dias para purgação da mora. Como atualmente o réu não é citado para oferecer contestação, mas sim para uma possibilidade preliminar de conciliação, temos que se o prazo fosse conferido logo após a citação, criar-se-ia uma aberração jurídica. Isso porque o prazo para realização da audiência de conciliação e mediação é de trinta dias, devendo o réu ser citado com vinte dias de antecedência. Assim, se considerado que os quinze dias para pagamento correm desde a citação, por ocasião da audiência de conciliação o débito já estaria totalmente quitado, se

94 | ART. 62

essa fosse a vontade do devedor, sem que, ao menos, o último houvesse tido possibilidade de apresentação de defesa, eis que extemporânea. E ainda, restaria vazia e sem objeto a audiência de conciliação, o que se afasta do propósito do legislador processual.

Assim, a interpretação mais acertada parece ser a de que apenas se frustrada a tentativa de conciliação, com a abertura do prazo para contestação, haveria também o prazo legal conferido para a purgação da mora. Por outro lado, uma vez conferida ao autor a tutela antecipada, ao réu resta a possibilidade de evitar o despejo, seja manejando o agravo de instrumento ou purgando a mora dentro do prazo quinzenal estabelecido para a desocupação do imóvel.

III – efetuada a purga da mora, se o locador alegar que a oferta não é integral, justificando a diferença, o locatário poderá complementar o depósito no prazo de 10 (dez) dias, contado da intimação, que poderá ser dirigida ao locatário ou diretamente ao patrono deste, por carta ou publicação no órgão oficial, a requerimento do locador;

Inciso com redação dada pela Lei n. 12.112, de 09.12.2009.

A purgação da mora é relativa, pois é passível de contestação por parte do autor, que dirigirá ao juízo competente a justificativa da diferença, se houver. A requerimento do locador, a purgação da mora poderá ser informada ao locatário ou a seu patrono, por meio de carta ou publicação por órgão oficial, que poderá, dessa forma, complementar a diferença no prazo de dez dias.

IV – não sendo integralmente complementado o depósito, o pedido de rescisão prosseguirá pela diferença, podendo o locador levantar a quantia depositada;

Inciso com redação dada pela Lei n. 12.112, de 09.12.2009.

Caso o réu não complemente o depósito, a ação prosseguirá fundada na diferença, e a quantia já depositada poderá ser levantada em favor do locador, de forma a adimplir o que já foi pago e dar continuidade à rescisão da relação *ex locato*, que deverá ser fundamentada na diferença de valores apontada pelo autor.

V – os aluguéis que forem vencendo até a sentença deverão ser depositados à disposição do juízo, nos respectivos vencimentos, podendo o locador levantá-los desde que incontroversos;

Enquanto a decisão da contenda não se ultima, durante o curso do procedimento, os aluguéis que vencerem deverão ser devidamente depositados judicialmente em sua data de vencimento, e, desde que incontroversos, os valores poderão ser levantados pelo locador.

VI – havendo cumulação dos pedidos de rescisão da locação e cobrança dos aluguéis, a execução desta pode ter início antes da desocupação do imóvel, caso ambos tenham sido acolhidos.

A cumulação de pedidos não significa que o cumprimento de uma decisão dependerá do trânsito em julgado da outra. Isso porque os pedidos cumulados possuem naturezas distintas, uma vez que o despejo visa a desocupação do imóvel, com o extermínio da relação locatícia, e a cobrança visa a recuperação de valores devidos contratualmente pelo locatário. Por tais motivos, a lei permite que, no momento em que os dois pedidos forem acolhidos, a execução dos valores pode se iniciar desde já, independentemente da efetivação do despejo, de forma a não majorar o prejuízo já sofrido pelo locador.

Parágrafo único. Não se admitirá a emenda da mora se o locatário já houver utilizado essa faculdade nos 24 (vinte e quatro) meses imediatamente anteriores à propositura da ação.
Parágrafo com redação dada pela Lei n. 12.112, de 09.12.2009.

O propósito da lei é proteger a boa-fé em se purgar a mora, permitindo assim que o réu se utilize dessa faculdade uma única vez nos 24 meses anteriores à propositura da ação de despejo. Trata-se de verdadeira inovação em relação ao dispositivo que antecedeu a promulgação deste diploma legal pois, na antiga redação, o réu poderia emendar a mora por duas vezes em um período de doze meses, constituindo-se verdadeiro abuso do direito, autorizado por lei, conforme previsão constante no art. 187 do Código Civil. A Lei n. 12.112/2009 veio impedir, portanto, que o locatário se utilize indevidamente do instituto, protegendo o locador de ser forçado a sempre receber os valores em juízo.

Art. 63. Julgada procedente a ação de despejo, o juiz determinará a expedição de mandado de despejo, que conterá o prazo de 30 (trinta) dias para a desocupação voluntária, ressalvado o disposto nos parágrafos seguintes.
Caput com redação dada pela Lei n. 12.112, de 09.12.2009.

O mandado de despejo é ato pelo qual o juiz informa ao possuidor direto do imóvel que está sendo despejado das dependências daquele no interregno de trinta dias. Por não fazer referência à utilização de força, não possui executividade absoluta, cingindo-se apenas à desocupação voluntária.

---

§ 1º O prazo será de quinze dias se:

O legislador, em prestígio ao real propósito desta lei, buscou estabelecer um prazo reduzido aos casos em que são deferidas medidas liminares para desocupação do imóvel, que serão explanados a seguir.

---

a) entre a citação e a sentença de primeira instância houverem decorrido mais de quatro meses; ou

Prevendo a morosidade do Poder Judiciário na prestação jurisdicional, o legislador buscou não prejudicar o locador em função desta e reduziu o prazo para desocupação do imóvel de trinta para quinze dias, em virtude da espera a que o locador pode ser submetido por causas que fogem ao seu controle.

---

b) o despejo houver sido decretado com fundamento no art. 9º ou no § 2º do art. 46.
Alínea com redação dada pela Lei n. 12.112, de 09.12.2009.

Nas hipóteses previstas nos artigos supramencionados, que são as de distrato, infrações contratuais ou legais, falta de pagamento, desocupação para reparos urgentes, assim determinados pelo Poder Público, e denúncia vazia do contrato de locação, o locador poderá pedir que o despejo seja decretado com o prazo de quinze dias para desocupação em razão da fundamentação dos pedidos.

---

§ 2º Tratando-se de estabelecimento de ensino autorizado e fiscalizado pelo Poder Público, respeitado o prazo mínimo de seis meses e o máximo de um ano, o juiz disporá, de modo que a desocupação coincida com o período de férias escolares.

O legislador buscou resguardar o direito das crianças de não perder completamente o ano escolar em decorrência do despejo decretado contra a instituição que os ensina. É dispositivo de extrema função social, de modo a não prejudicar nem as famílias nem as crianças. Conclui-se que o despejo de estabelecimentos de ensino, em regra, só poderá ocorrer nos meses de janeiro e julho, pois é com estes que coincidem as férias escolares.

§ 3º Tratando-se de hospitais, repartições públicas, unidades sanitárias oficiais, asilos, estabelecimentos de saúde e de ensino autorizados e fiscalizados pelo Poder Público, bem como por entidades religiosas devidamente registradas, e o despejo for decretado com fundamento no inciso IV do art. 9º ou no inciso II do art. 53, o prazo será de um ano, exceto no caso em que entre a citação e a sentença de primeira instância houver decorrido mais de um ano, hipótese em que o prazo será de seis meses.
Parágrafo com redação dada pela Lei n. 9.256, de 09.01.1996.

Como já fundamentado, as instituições descritas neste parágrafo possuem relevância social extrema, que jamais poderá ser preterida em função do direito do particular. Assim sendo, o legislador, ao elaborar esta norma, veio dilatar o prazo para desocupação dos imóveis locados por instituições com tais características.

§ 4º A sentença que decretar o despejo fixará o valor da caução para o caso de ser executada provisoriamente.

A sentença que decretar o despejo deverá sempre fixar a caução que securitizará o processo, prevenindo eventuais danos a serem sofridos pelo réu em caso de eventual reforma da sentença após o início da execução. O valor deverá ser definido por meio de critérios objetivos, não inferiores a seis meses e não superiores a doze meses do último valor convencionado a título de aluguel.

Art. 64. Salvo nas hipóteses das ações fundadas no art. 9º, a execução provisória do despejo dependerá de caução não inferior a 6 (seis) meses nem superior a 12 (doze) meses do aluguel, atualizado até a data da prestação da caução.
Caput com redação dada pela Lei n. 12.112, de 09.12.2009.

Quando por mútuo acordo, em decorrência da prática de infração legal ou contratual, em decorrência da falta de pagamento do aluguel e demais encargos; para a realização de reparações urgentes determinadas pelo Poder Público, que não possam ser normalmente executadas com a permanência do locatário no imóvel ou, podendo, ele se recuse a consenti-las, for requerido o despejo, a prestação de caução será desnecessária. Conclui-se que, em todos os outros casos, deverá haver a caução prestada, no valor não inferior ao equivalente a seis meses de aluguel e não superior a doze meses. Além disso, conforme o art. 520, I, do CPC, serão responsabilidade do exequente os danos possivelmente causados pelo cumprimento provisório da sentença em caso de posterior reforma do ato jurisdicional.

> § 1º A caução poderá ser real ou fidejussória e será prestada nos autos da execução provisória.

A caução deverá ser suficiente, idônea e poderá ser real, na forma de bens móveis ou imóveis, ou na modalidade fidejussória, ou seja, consistente na garantia pessoal de uma obrigação, que é assumida por pessoa alheia à relação jurídica. É competência do magistrado avaliar a suficiência e idoneidade da caução. Diferentemente da caução prestada como modalidade de garantia locatícia, em que se constituía uma garantia de direito material, a caução aqui abordada possui cunho processual. Assim, visa garantir direitos processuais e não mais materiais, e deve ser prestada sempre nos próprios autos, conforme disposição do art. 520, IV, do CPC.

> § 2º Ocorrendo a reforma da sentença ou da decisão que concedeu liminarmente o despejo, o valor da caução reverterá em favor do réu, como indenização mínima das perdas e danos, podendo este reclamar, em ação própria, a diferença pelo que a exceder.

A execução da caução em favor do réu se dará no momento em que for deferida a reforma da sentença, ou ainda se houver a reforma da medida liminar que deferiu o despejo. Nesse caso, o valor depositado a título de caução será revertido a favor do réu. Se a caução prestada não for suficiente para reparar os danos causados, o réu poderá pleitear a diferença em ação própria, independente da ação de despejo.

> Art. 65. Findo o prazo assinado para a desocupação, contado da data da notificação, será efetuado o despejo, se necessário com emprego de força, inclusive arrombamento.

Trata-se aqui não mais de um mero estabelecimento de prazo, como já foi abordado no artigo anterior, mas da efetiva execução do mandado de despejo, possuindo previsão inclusive do uso da força para que se proceda de forma eficaz à desocupação de pessoas e coisas do imóvel objeto da lide. Nessa modalidade, jurisprudencialmente, em regra não são aceitos embargos à execução, pois o momento adequado para interpor tal recurso seria por ocasião da expedição do mandado de despejo para desocupação voluntária. Contudo, sendo constatados erros crassos, inclusive de nulidade ou inexistência de ato citatório, os embargos são admitidos de forma excepcional, devendo-se analisar caso a caso, e não repelir dogmaticamente.

§ 1º Os móveis e utensílios serão entregues à guarda de depositário, se não os quiser retirar o despejado.

Os bens móveis que guarnecem o imóvel e de propriedade do despejado deverão, em regra, ser entregues ao próprio. Porém, se ele não os retirar, os bens ficarão sob guarda de um depositário.

§ 2º O despejo não poderá ser executado até o trigésimo dia seguinte ao do falecimento do cônjuge, ascendente, descendente ou irmão de qualquer das pessoas que habitem o imóvel.
Veja art. 44, IV, desta Lei.

É respeitado aqui o período de nojo, ou seja, o luto experimentado pelo cônjuge, filhos, pais e irmãos de qualquer pessoa que habite o imóvel. Assim, deve o oficial de justiça que executará o mandado de despejo certificar tal fato. Caso isso não seja respeitado, o oficial de justiça responsável pela diligência será responsabilizado penal e administrativamente nos termos do art. 44, IV, desta lei.

Art. 66. Quando o imóvel for abandonado após ajuizada a ação, o locador poderá imitir-se na posse do imóvel.

A falta de técnica legislativa é evidente, pois da leitura do artigo é possível concluir erroneamente que o autor da ação pode imitir-se na posse de mão própria, sem ao menos possuir o dever de noticiar o abandono em juízo. Porém, a lapidação de tal procedimento decorre das decisões dos tribunais, que firmaram o entendimento de que o oficial de justiça deve certificar o abandono e, além disso, o autor deve requerer a imissão na posse, devendo esta ser deferida e, por consequência lógica, ser expedido o mandado de imissão na posse.

RESUMO DA AÇÃO DE DESPEJO	
Objetivo	Retirada do locatário do imóvel, extinguindo a relação locatícia, de forma que o locador recupere a posse do bem locado.
Rito	Comum (art. 318 do CPC), com possibilidade de ser sumaríssimo (art. 3º, III, Lei n. 9.099/95).
Liminar	Desocupação do imóvel em 15 dias, *inaudita altera pars*, nos casos do art. 59, § 1º. É necessário que seja prestada caução equivalente a 3 meses de aluguel.

(continua)

(continuação)

Despejo cumulado com cobrança de aluguéis e acessórios	Possível (art. 62, I). Nesses casos, o valor da causa deverá corresponder a 12 meses de aluguel.
Requisitos da inicial	Art. 319 do CPC. No caso de ação fundada na necessidade de reparos urgentes determinados pelo Poder Público, ou aumento de 20% da área em imóvel residencial e 50% para exploração de hotelaria, ou aumento de 50% da área útil de imóveis utilizados por hospitais, asilos, unidades sanitárias, estabelecimentos de saúde e de ensino, a inicial deverá ser instruída também com prova da propriedade do imóvel ou compromisso registrado (art. 60).
Purga da mora	No prazo concedido para a desocupação, se locatário ou fiador efetuar o depósito judicial integral devido, evitará a rescisão do contrato e elidirá possível liminar de desocupação, conforme o art. 59, § 3º. O depósito deverá abranger os aluguéis e seus acessórios, multa, juros de mora, custas e honorários advocatícios (art. 62, II).
Complementação de depósito	Caso o valor depositado a título de purgação da mora seja insuficiente, será deferido prazo de 10 dias para sua complementação, conforme o art. 62, III.
Prazo para desocupação	Expedido mandado de despejo, o locatário tem prazo de 30 dias para desocupação do imóvel (art. 63). O prazo cairá pela metade se entre a citação e a sentença houver passado mais de 4 meses ou se o despejo houver sido decretado com base no art. 9º ou art. 46, § 2º.
Prazos especiais	No caso de estabelecimento de ensino, o prazo para desocupação será de 6 meses a 1 ano, de forma a coincidir com as férias escolares, conforme o art. 63, § 2º. No caso de hospitais, repartições públicas, unidades sanitárias, asilos, estabelecimentos de saúde e ensino, deverá ser de 1 ano, exceto quando já tiver decorrido mais de um ano da citação à sentença, quando cairá pela metade (art. 63, § 3º).

(continua)

(continuação)

Execução provisória do despejo	É possível, mas deverá ser oferecida caução de 6 a 12 meses do aluguel atualizado à data de prestação da caução (art. 64), prestada nos autos da execução provisória (art. 64, § 1º, da Lei de Locações c/c art. 520, IV, do CPC). Se a sentença for reformada, a caução será revertida em favor do réu.

CAPÍTULO III
DA AÇÃO DE CONSIGNAÇÃO DE ALUGUEL E ACESSÓRIOS DA LOCAÇÃO

A ação de consignação em pagamento é instituto processual civil que possui efeitos os quais influenciam diretamente o direito material, de forma que é considerada uma das formas de adimplemento obrigacional, conforme disposto nos arts. 334 a 345 do Código Civil. Observe-se que é por meio desse procedimento que o devedor conseguirá adimplir as obrigações cujo credor não possa ou se recuse a receber o pagamento nos casos de dívida *portable*, ou quando o credor se recusa a buscar o pagamento nas hipóteses de dívidas quesíveis.

A incapacidade e o desconhecimento do credor também são ensejadores do pagamento consignado, bem como se sua residência for em local de difícil acesso ou que demonstre perigo a quem for realizar o pagamento. Além dessas hipóteses, se houver dúvida a quem se deve pagar ou pender litígio sobre o objeto do pagamento, será também permitida a consignação do pagamento.

A existência deste instituto processual se funda na premissa do direito do devedor de adimplir a obrigação sem estar constituído em mora, podendo realizá-lo em qualquer hipótese aqui abordada. Indo além, a consignação em pagamento evita que o devedor realize o pagamento de forma indevida ou receba a quitação obrigacional de quem não é legitimado para tal, de maneira que se assim o fizer a obrigação ainda subsistirá e o devedor estará em mora, pois não pagou corretamente.

Art. 67. Na ação que objetivar o pagamento dos aluguéis e acessórios da locação mediante consignação, será observado o seguinte:

A ação de consignação em pagamento de aluguéis possui regras especiais que a diferem um pouco da consignação em pagamento comum, prevista no CPC. Porém suas regras gerais são encontradas naquele diploma legal, nos arts. 539 e seguintes, e deverão ser observadas no que couber, de forma que se constitui ação autônoma.

I – a petição inicial, além dos requisitos exigidos pelo art. 282 do Código de Processo Civil, deverá especificar os aluguéis e acessórios da locação com indicação dos respectivos valores;

Refere-se ao CPC/73.

Veja art. 319, CPC/2015.

Com o advento do CPC/2015, os requisitos da inicial passam a estar elencados em seu art. 319. Em essência muito semelhante aos requisitos previstos no CPC/73, a novel legislação passa a exigir ainda a necessidade de se indicar, na inicial, o correio eletrônico, o número de CPF ou CNPJ de autor e réu, o que já se adotava na prática, bem como o estado civil ou a existência de união estável. O art. 322, § 1º, do CPC/2015 traz como pedidos implícitos os juros legais, correção monetária e verbas de sucumbência, incluindo os honorários advocatícios. Ou seja, mesmo que não haja pedido expresso, pode haver a condenação nessas rubricas, sem que a sentença seja *ultra petita*. É necessário indicar também os aluguéis a serem consignados, bem como os acessórios da locação, inclusive os respectivos valores, pela disposição do artigo inquilinário em comento.

II – determinada a citação do réu, o autor será intimado a, no prazo de vinte e quatro horas, efetuar o depósito judicial da importância indicada na petição inicial, sob pena de ser extinto o processo;

A citação do réu é marco processual, pois o autor possui 24 horas, contadas daquela determinação, para realizar o depósito em juízo do valor exato que constou na peça inaugural, de forma que, se assim não o fizer, o processo será extinto, por falta de requisito essencial para seu regular andamento. Destaque-se que o depósito judicial se dará antes mesmo da realização da audiência de conciliação e mediação, prevista a partir do art. 334 do atual CPC. Dessa forma, na ação de consignação de aluguéis e acessórios da locação, como o objetivo do devedor já é o pagamento, e o valor deverá ser depositado judicialmente no prazo prescrito, a audiência de conciliação ou mediação, se houver, deverá se pautar apenas em possíveis matérias controversas.

III – o pedido envolverá a quitação das obrigações que vencerem durante a tramitação do feito e até ser prolatada a sentença de primeira instância, devendo o autor promover os depósitos nos respectivos vencimentos;

A consignação em pagamento tem por objeto principal a dívida já vencida, pois é requisito lógico para que se consigne, uma vez que o credor não é obrigado a aceitar pagamento antes do vencimento, salvo se estipulado em contrário.

Partindo desse pressuposto, o pedido do autor deverá necessariamente comportar as obrigações que vencerem durante a tramitação do feito, devendo ser realizadas na data do vencimento e por meio de depósito judicial.

Trata-se aqui de normatização específica, que se distancia da regra geral do prazo de cinco dias, contados do vencimento, para efetuação do depósito das prestações vencidas no curso do processo, previsto no art. 541 do CPC.

IV – não sendo oferecida a contestação, ou se o locador receber os valores depositados, o juiz acolherá o pedido, declarando quitadas as obrigações, condenando o réu ao pagamento das custas e honorários de vinte por cento do valor dos depósitos;

A revelia prevista neste inciso se refere àquela em que o réu fora devidamente citado para oferecer resposta, não tendo havido acordo prévio, e por liberalidade não o fez. Nesse caso, o réu deverá arcar com o ônus de seus atos, que aqui são a declaração de quitação dos valores depositados, não comportando debate posterior, uma vez que a contestação é momento oportuno para que se discuta essa questão. O mesmo se aplica se houver concordância do devedor, passando a receber os valores depositados. Além disso, o réu será condenado ao pagamento de custas e 20% do valores que estão depositados a título de honorários advocatícios.

V – a contestação do locador, além da defesa de direito que possa caber, ficará adstrita, quanto à matéria de fato, a:

Ocorre aqui a limitação da matéria de defesa fática que pode ser alegada em sede de contestação, diretamente oposta à matéria na qual pode ser fundamentado o pedido de consignação. Porém, o inciso aborda apenas algumas hipóteses, e não a totalidade das matérias passíveis de contestação, motivo pelo qual é extremamente difícil cingir o debate nos moldes deste artigo. Observa-se no mundo prático que a tarefa de debater hipóteses de consignação é por demais complexa, podendo o magistrado alargar esse debate, mas sempre buscando atingir a finalidade da ação consignatória, de modo a não desfigurá-la.

---

a) **não ter havido recusa ou mora em receber a quantia devida;**

A recusa do locador em receber a quantia devida pelo locatário é um dos motivos autorizadores para ingresso da ação consignatória, podendo esta ser aduzida em sede de contestação. Porém, a produção de provas suficientemente sólidas para a comprovação da ausência da recusa é demasiado difícil, devendo o julgador se orientar pelas alegações e pelas provas circunstanciais colacionadas aos autos.

---

b) **ter sido justa a recusa;**

O locador que houver recusado o recebimento dos valores poderá, em sua contestação, justificar sua recusa de modo plausível e relevante, demonstrando que não possuía capacidade para dar quitação do pagamento.

---

c) **não ter sido efetuado o depósito no prazo ou no lugar do pagamento;**

O réu pode alegar o descumprimento do prazo avençado como vencimento obrigacional da parcela de aluguel, bem como que o local onde o pagamento seria efetuado diverge daquele que fora pactuado.

---

d) **não ter sido o depósito integral;**

O depósito referente aos valores devidos na ação consignatória deverá, por força de dispositivo legal, ser efetuado em sua integridade, juntamente com os encargos e acessórios da locação. Se assim não for realizado, e devidamente rechaçado pela impugnação específica do réu, o autor deverá complementar o valor, sob pena de ver extinto o processo.

VI – além de contestar, o réu poderá, em reconvenção, pedir o despejo e a cobrança dos valores objeto da consignatória ou da diferença do depósito inicial, na hipótese de ter sido alegado não ser o mesmo integral;

Reconvenção é modalidade de resposta do réu, na qual aproveita-se a relação processual existente para que o réu reconvinte pleiteie direito contra o autor da ação principal, desde que conexos. Atualmente, na esteira da simplificação dos ritos processuais, a reconvenção deve se dar no bojo da própria contestação, e não mais em peça autônoma, como se verificava na vigência do CPC/73.

Conforme o art. 343, § 1º, do CPC, apresentada reconvenção, é conferido ao autor o prazo de quinze dias para respondê-la. Como se configura em pedido próprio, ainda que o autor da ação de consignação de aluguel desista da demanda, a reconvenção prosseguirá normalmente.

É garantido ao réu que pleiteie, na reconvenção, isto é, em tópico preliminar de sua contestação, o despejo ou a diferença de valores entendidos como devidos, porém não consignados. Além disso, o réu pode reconvir em face do autor e de terceiro, nos termos do art. 343, § 3º, do CPC. Assim, em se tratando de relação locatícia, é possível acionar o fiador, ainda que, *a priori*, este não faça parte da relação processual de consignação em pagamento, para cobrança dos valores não quitados.

VII – o autor poderá complementar o depósito inicial, no prazo de cinco dias contados da ciência do oferecimento da resposta, com acréscimo de dez por cento sobre o valor da diferença. Se tal ocorrer, o juiz declarará quitadas as obrigações, elidindo a rescisão da locação, mas imporá ao autor-reconvindo a responsabilidade pelas custas e honorários advocatícios de vinte por cento sobre o valor dos depósitos;

O réu que alegar que o depósito não fora realizado em sua integridade deverá prová-lo, e assim o fazendo, o autor terá cinco dias, contados da data de sua ciência inequívoca do oferecimento da resposta, seja por ciência voluntária ou aquela realizada por meio de órgão oficial, para depositar a diferença dos valores acrescidos de 10%. Assim o fazendo, será imposta ao autor reconvindo a responsabilidade pelo pagamento das custas e honorários advocatícios da ordem de 20%.

VIII – havendo, na reconvenção, cumulação dos pedidos de rescisão da locação e cobrança dos valores objeto da consignatória, a execução desta somente poderá ter início após obtida a desocupação do imóvel, caso ambos tenham sido acolhidos.

O autor da reconvenção poderá, como já exposto, requerer o despejo cumulado com a cobrança da diferença. Contudo, a execução de uma depende da outra, não sendo possível a execução dos valores sem a devida desocupação do imóvel.

Parágrafo único. O réu poderá levantar a qualquer momento as importâncias depositadas sobre as quais não penda controvérsia.

Os valores sobre os quais não pendam discussão poderão ser levantados a qualquer momento pelo réu, posto que são pacíficos e é direito do réu usufruir deles, não havendo o menor sentido lógico que esses valores permaneçam retidos em conta judicial.

COMENTÁRIOS À LEI DE LOCAÇÕES

RESUMO DA AÇÃO DE CONSIGNAÇÃO DE ALUGUEL E ACESSÓRIOS DA LOCAÇÃO	
Objetivo	Adimplir a obrigação, desonerando o locatário nos casos em que o credor não possa receber ou se recuse, quando é incapaz, desconhecido ou de difícil acesso e ainda nos casos em que há dúvida em relação a quem se deve pagar.
Rito	Comum, art. 318 do CPC.
Requisitos da inicial	Art. 319 do CPC e especificação dos aluguéis e acessórios da locação, com seus respectivos valores, nos termos do art. 67, I.
Depósito judicial	Na ação de consignação em pagamento, o autor terá o prazo de 24 horas para efetuar o pagamento, contado da citação do réu, sob pena de ser extinto o processo (art. 67, II).
Revelia e acolhimento do pedido	Caso o réu seja revel ou receba os valores depositados, o juiz acolherá o pedido inicial, quitando as obrigações. O réu será condenado ao pagamento de custas e honorários advocatícios no montante de 20% do total depositado, conforme o art. 67, IV.
Contestação	Em sua defesa, o réu poderá alegar não ter havido recusa ou mora no recebimento ou que, se houve, ter sido justa. Pode alegar ainda que o depósito não foi feito no prazo ou lugar do pagamento, bem como que este não foi integral (art. 67, V).
Reconvenção	O réu poderá, em sua resposta, reconvir, requerendo o despejo e cobrança de valores não quitados, conforme o art. 67, VI. Por força do art. 343, § 1º, do CPC, a reconvenção deverá ser apresentada no bojo da contestação. O réu poderá acionar também o fiador para responder pela dívida (art. 343, § 3º, do CPC).
Complementação do depósito	Poderá ser feita em 5 dias da ciência da resposta, com acréscimo de 10% sobre a diferença. O autor deverá arcar ainda com custas e honorários advocatícios de 20% sobre o valor depositado, nos termos do art. 67, VII, e o juiz declarará quitada a dívida.
Levantamento dos valores incontroversos	Pode se dar a qualquer tempo, visto que configuram direito do réu (art. 67, parágrafo único).

CAPÍTULO IV
DA AÇÃO REVISIONAL DE ALUGUEL

Ação revisional de aluguel é ação que possui duplicidade de caráter, em que tanto o autor como o réu possuem a faculdade de pleitear o valor a ser estipulado como razoável a título de remuneração pela locação.

A ação revisional vem atribuir justiça quando analisados os aspectos mercadológicos nos quais as relações inquilinárias estão envoltas. A desvalorização do imóvel é motivo pelo qual o valor do aluguel será reduzido em comparação ao vigente. Entretanto, quando o imóvel se valoriza, conforme tem ocorrido nos dias atuais, configura-se motivo plausível para que seja seu locador remunerado a contento, podendo, por meio da ação revisional, ver o valor do aluguel ser majorado.

Art. 68. Na ação revisional de aluguel, que terá o rito sumário, observar-se-á o seguinte:
Caput com redação dada pela Lei n. 12.112, de 09.12.2009.

O rito disposto no presente artigo não é mais observado no ordenamento jurídico brasileiro, desde a entrada em vigor do atual Código Processual Civil, em março de 2016. Pela nova legislação, que preza pela simplificação do processo civil, os ritos sumário e ordinário foram unificados, passando a existir o rito comum apenas.

Dessa forma, a ação revisional de aluguel, assim como a ação de despejo e as demais previstas para regular as questões em relações locatícias, deverá tramitar conforme o rito comum, previsto a partir do art. 68 do CPC. Isso porque dispõe o Código de Processo Civil, em seu art. 1.049, parágrafo único, que se a lei remeter ao procedimento sumário, deverá ser aplicado o novo rito comum, com as modificações específicas da lei especial, se houver.

I – além dos requisitos exigidos pelos arts. 276 e 282 do Código de Processo Civil, a petição inicial deverá indicar o valor do aluguel cuja fixação é pretendida;
Refere-se ao CPC/73.
Veja art. 319, CPC/2015.

Mais uma vez o legislador prevê o caráter complementar do Código de Processo Civil, deixando a critério desta lei os aspectos mais específicos a serem observados nas ações que têm por objeto as relações locatícias. Contudo, os requisitos da inicial, no código atual, são tratados nos arts. 319 e seguintes, de observância obrigatória para o autor que pretender ingressar com ação revisional de aluguéis. O autor deverá indicar, ainda, o valor que reputa como justo a ser fixado a título de aluguel.

II – ao designar a audiência de conciliação, o juiz, se houver pedido e com base nos elementos fornecidos tanto pelo locador como pelo locatário, ou nos que indicar, fixará aluguel provisório, que será devido desde a citação, nos seguintes moldes:
Inciso com redação dada pela Lei n. 12.112, de 09.12.2009.

Patente a necessidade do arbitramento de aluguel provisório para que o locatário não permaneça na posse do imóvel às expensas do locador, e tampouco que se legitime que o locador possa receber aluguel a menor. Contudo, como o rito comum do CPC dispõe sobre o procedimento de audiência de conciliação e mediação, este deverá prevalecer.

Assim, nos termos do art. 334 do CPC, a audiência de conciliação e mediação deverá ocorrer no prazo de trinta dias, devendo ser citado o réu, ao menos, com vinte dias de antecedência. Havendo autocomposição, será reduzida a termo e homologada. Contudo, não havendo, nada impede que o juiz aplique a disposição especial no tocante ao aluguel provisório, de forma que não se desnature o propósito do legislador inquilinário, assegurando uma remuneração mínima razoável ao locador, de forma justa também ao locatário. A partir de então, será facultado ao réu contestar a ação no prazo de quinze dias.

---

a) **em ação proposta pelo locador, o aluguel provisório não poderá ser excedente a 80% (oitenta por cento) do pedido;**
Alínea acrescentada pela Lei n. 12.112, de 09.12.2009.
b) **em ação proposta pelo locatário, o aluguel provisório não poderá ser inferior a 80% (oitenta por cento) do aluguel vigente;**
Alínea acrescentada pela Lei n. 12.112, de 09.12.2009.

Ambas as alíneas vêm resguardar a equidade e o justo valor a ser arbitrado a título de aluguel provisório, não excedendo a 80% do valor pleiteado pelo locador ou inferior a 80% do valor do aluguel vigente, se o pedido revisional partir do locatário. Posto isso, o magistrado deve avaliar com cautela a razão de cada pedido, sua procedência e justiça, de forma a determinar o valor mais equilibrado possível.

III – sem prejuízo da contestação e até a audiência, o réu poderá pedir seja revisto o aluguel provisório, fornecendo os elementos para tanto;

Desde que fundamentado e devidamente explanado nos autos, é permitido ao réu que pleiteie a revisão do aluguel, porém tal pedido não é adstrito à argumentação realizada na contestação, não seguindo o princípio da oportunidade. Pode, sim, ser realizado a qualquer momento do curso do processo, com o fundamento de que o valor do aluguel não fique defasado em relação ao decurso do tempo necessário para a correta solução do processo.

Além disso, é possível que o aluguel provisório atualmente também seja fixado em sede de tutela antecipada em caráter antecedente. Contudo, a possibilidade de revisão de aluguel provisório até a audiência trazida pela Lei Inquilinária impede a cristalização da decisão até esse momento, nos termos do art. 304 do CPC. Dessa forma, parece mais seguro afirmar que, em se tratando de tutela antecipada antecedente, a cristalização da decisão só ocorrerá se não interposto agravo de instrumento, e apenas após a audiência, caso em que poderá se tornar definitiva.

IV – na audiência de conciliação, apresentada a contestação, que deverá conter contraproposta se houver discordância quanto ao valor pretendido, o juiz tentará a conciliação e, não sendo esta possível, determinará a realização de perícia, se necessária, designando, desde logo, audiência de instrução e julgamento;

Inciso com redação dada pela Lei n. 12.112, de 09.12.2009.

A contestação não deverá mais ser apresentada na audiência da conciliação, mas apenas após quinze dias contados da sua realização, se não for obtido acordo ou se uma das partes não comparecer, ou ainda de sua dispensa por ambas as partes.

Nos termos do art. 3º, § 3º, do CPC, os métodos consensuais de resolução de conflitos deverão ser estimulados pelos operadores do Direito, inclusive no curso do processo. Em todas as ações que versem sobre direitos disponíveis, o réu deverá ser citado para audiência de conciliação e mediação. Se não for possível que se obtenha acordo sobre o novo valor de aluguel, o réu terá na contestação a oportunidade de rechaçar todos os pontos alegados na peça inaugural, de forma que no caso das relações locatícias, a contestação é o momento oportuno para que se declare a irresignação quanto ao valor pleiteado na inicial.

Caso o réu se quede inerte, presume-se que concordou integralmente com o valor pleiteado, dando-se por resolvida a questão, nos termos do art. 344 do CPC. Em outra hipótese, o réu pode discordar do pedido formulado pelo autor, caso em que será necessária designação de audiência de instrução e julgamento.

V – o pedido de revisão previsto no inciso III deste artigo interrompe o prazo para interposição de recurso contra a decisão que fixar o aluguel provisório.

Inciso acrescentado pela Lei n. 12.112, de 09.12.2009.

Se o imbróglio recursal gravitar em torno da questão da fixação do aluguel provisório, deverá ser suspenso o prazo, pois caso a revisão seja deferida, tal recurso será carente de objeto, uma vez que o pretendido naquele já fora suprido por decisão de primeiro grau, ainda que oriundo de outro comando jurisdicional.

Destaque-se que: "Tal inserção na lei de locação evitará grandes discussões sobre a preclusão do ato de contestação ao ser requerida a reconsideração do valor arbitrado, bem como, evitará a intempestividade do Recurso de Agravo de Instrumento, como ocorre quando há formulação de pedido de reconsideração não aceito e contra o qual é interposto recurso".[30]

> **§ 1º Não caberá ação revisional na pendência de prazo para desocupação do imóvel (arts. 46, § 2º, e 57), ou quando tenha sido este estipulado amigável ou judicialmente.**

Não há sentido lógico para que haja pedido revisional de aluguel durante a constância de prazo para que o locatário desocupe o imóvel, haja vista que o prazo fora determinado por meio de denúncia vazia do contrato de locação, ou derivada de distrato que foi amigavelmente pactuado, e ainda se o prazo para desocupação for originado de decisão judicial.

> **§ 2º No curso da ação de revisão, o aluguel provisório será reajustado na periodicidade pactuada ou na fixada em lei.**

Durante o curso da ação revisional de aluguel, as balizas que regerão a periodicidade do reajuste do *quantum* locatício serão exclusivamente determinadas em lei, ou, como é corriqueiro, pelo prazo pactuado no contrato de locação.

> **Art. 69. O aluguel fixado na sentença retroage à citação, e as diferenças devidas durante a ação de revisão, descontados os alugueres provisórios satisfeitos, serão pagas corrigidas, exigíveis a partir do trânsito em julgado da decisão que fixar o novo aluguel.**

A fim de se evitar enriquecimento de qualquer das partes, a lei determina que o aluguel revisado deverá retroagir à citação, independentemente de ser maior ou

---

30 CHOHFI, Roberta Dib. "Comentários sobre a alteração sofrida pela Lei n. 12.112/2009". Disponível em: http://www.migalhas.com.br/mostra_noticia_articuladas.aspx?cod=100642. Acessado em: 15.12.2021.

menor que o valor apurado enquanto provisório. As diferenças apuradas devem ser quitadas ao final, com as devidas correções e atualizações em parcela única, com a ressalva de que se o valor apurado for em favor do locatário, ele poderá utilizar essa diferença a título de compensação com os aluguéis posteriores.

> § 1º Se pedido pelo locador, ou sublocador, a sentença poderá estabelecer periodicidade de reajustamento do aluguel diversa daquela prevista no contrato revisando, bem como adotar outro indexador para reajustamento do aluguel.

A periodicidade estabelecida no contrato também poderá ser objeto da ação revisional de aluguel, e não apenas o valor pactuado, uma vez que em tempos de economia flutuante, é real a possibilidade de se prejudicar uma das partes na vigência da relação *ex locato*. É importante ressaltar que tal dispositivo é herança da lei revogada, datada da década de 1990, quando o principal problema econômico nacional era o controle da inflação extremamente elástica, com a variação de preços chegando a exorbitantes 100%. De tal sorte, o legislador deixou a critério do magistrado o estabelecimento da periodicidade, levando sempre em conta o mercado e a flutuação econômica. Contudo, o parágrafo em comento continua atual, tendo em vista as recentes "bolhas" no mercado imobiliário nacional, que têm majorado sobremaneira o valor dos imóveis e, consequentemente, dos aluguéis.

> § 2º A execução das diferenças será feita nos autos da ação de revisão.

A fim de se economizar trâmites processuais, a lei permite que as diferenças apuradas no art. 69, *caput*, sejam executadas no curso da ação revisional de aluguel, não necessitando que sejam executadas em apartado.

> Art. 70. Na ação de revisão do aluguel, o juiz poderá homologar acordo de desocupação, que será executado mediante expedição de mandado de despejo.

Por vezes e até corriqueiramente, o valor definido ultrapassa as possibilidades financeiras do locatário, podendo então este e o locador homologarem um acordo de desfazimento da relação locatícia. A partir dessa homologação, deve ser expedido mandado de despejo para que o locatário se retire da posse do imóvel. Tendo em vista tal possibilidade, a lei trouxe a disposição que prevê, indubitavelmente, a permissividade do ordenamento jurídico para que se realize tal acordo.

RESUMO DA AÇÃO REVISIONAL DE ALUGUEL

Objetivo	Reajuste do valor de aluguel ao praticado pelo mercado, visto que, com o passar do tempo, pode se tornar excessivo ou insuficiente. Pode ser proposta pelo locador ou pelo locatário.
Rito	Comum, art. 318 do CPC.
Requisitos da inicial	Art. 319 do CPC c/c art. 68, I, da Lei de Locações, que prevê a necessidade de indicação do valor de aluguel cuja fixação é pretendida.
Conciliação	Prevista no art. 334 do CPC, no prazo de 30 dias. Poderá ser fixado valor de aluguel provisório, que não poderá exceder a 80% do pedido, se proposta pelo locador, ou não poderá ser inferior a 80% do aluguel vigente se proposta pelo locatário, conforme o art. 68, II.
Revisão do aluguel provisório	Requisitada pelo réu, até o momento da audiência (art. 68, III). Seu pedido interrompe o prazo para interposição do recurso contra decisão que fixar o valor do aluguel provisório, nos termos do art. 68, V.
Retroatividade do valor do aluguel	O valor fixado na sentença retroage à data de citação, sendo devidas as diferenças entre o valor fixado como provisório e o valor definitivo, a teor do art. 69. A execução da sentença deve se dar nos autos da revisão.
Despejo	O juiz poderá homologar acordo de desocupação de imóvel, expedindo mandado de despejo, conforme o art. 70.

CAPÍTULO V
DA AÇÃO RENOVATÓRIA

A ação renovatória é o instrumento pelo qual o autor exterioriza sua vontade de dar continuidade à relação *ex locato* provocando o Poder Judiciário para que, em caso de inexistir composição entre locador e locatário, seja emitido comando a fim de renovar compulsoriamente o contrato. Trata-se de forma de substituição da autonomia da vontade, além de meio de proteção jurídica do fundo de comércio, uma vez que se trata de fruto do trabalho do locatário e pertencente ao seu patrimônio incorpóreo.

É a ação mais abrangente das dispostas nesta lei, pois sua discussão não se cinge somente à possibilidade de se renovar o contrato. São discutidos, em seu bojo, todos os termos nos quais será regida a relação locatícia renovada, bem como substituição da garantia, prazo de reajuste do valor locatício e outros aspectos inerentes à relação *ex locato*.

> **Art. 71. Além dos demais requisitos exigidos no art. 282 do Código de Processo Civil, a petição inicial da ação renovatória deverá ser instruída com:**
> *Refere-se ao CPC/73.*
> *Veja art. 319, CPC/2015.*

A ação renovatória é autônoma, ou seja, tramita independentemente, porém é atrelada ao cumprimento de certas exigências legais. Assim, depende do preenchimento de alguns requisitos do direito material para que, dessa forma, se legitime o direito de ação. Observe-se que os requisitos processuais exigidos estão atualmente listados no art. 319 do CPC, e não mais no art. 282 da antiga legislação.

I – prova do preenchimento dos requisitos dos incisos I, II e III do art. 51;

O art. 51 da presente lei reza que são necessárias três condições preenchidas em concomitância para que haja efetivo direito a se renovar o contrato, quais sejam: que o contrato a ser renovado seja por escrito e celebrado por tempo determinado; que a relação *ex locato* esteja ininterruptamente vigente por, no mínimo, cinco anos e que a locação comercial esteja por pelo menos três anos explorando o mesmo ramo de comércio, de forma a estabelecer fundo de comércio passível de proteção jurídica. Importante destacar novamente que qualquer dessas condições preenchida solitariamente não enseja a propositura da ação renovatória. É requisito básico que as três estejam presentes no momento da propositura da ação, sob pena de extinção do feito sem julgamento do mérito.

II – prova do exato cumprimento do contrato em curso;

A lei, ao determinar que é necessária prova do exato cumprimento do contrato, não estabelece o que é considerado exato cumprimento do contrato. A jurisprudência, porém, sabiamente e vislumbrando o real intuito da lei, decidiu que infrações leves, bem como pagamentos em atraso não habituais não são fatos autorizadores para que o locador não renove o contrato, ou que impeça a propositura da ação. Até mesmo porque o pagamento em atraso é autorizado por lei, uma vez que é prevista expressamente no art. 62, II, a purgação da mora. O que se pretende prevenir aqui é que o locador seja obrigado a renovar a locação com aquele locatário que atrasa sistematicamente os pagamentos, ou que não observa os princípios postulados nesta lei que regem as locações em geral.

III – prova da quitação dos impostos e taxas que incidiram sobre o imóvel e cujo pagamento lhe incumbia;

O autor da demanda deve colacionar aos autos todos os comprovantes dos impostos e taxas, bem como os encargos estabelecidos contratualmente, como é o caso do seguro. Importante ressaltar que só lhe serão exigidos aqueles cujos pagamentos lhe competiam, de tal sorte que são também considerados aqueles pagamentos que foram realizados em atraso, porém pagos com todos os acréscimos devidos.

IV – indicação clara e precisa das condições oferecidas para a renovação da locação;

O autor da demanda deve, de forma clara e precisa, apontar as condições que deseja serem regentes do contrato renovado. Tal proposta pode ser realizada no bojo da petição ou em documento apartado. Por precaução, tais propostas devem ser assinadas pelo autor da ação no caso de não terem sido conferidos aos seus patronos poderes para tanto.

É importante que o autor observe o princípio da boa-fé e tenha ciência dos propósitos da ação, de modo a não desfigurá-la, utilizando o direito de ação como instrumento para que se obtenha vantagem indevida, como é o caso do locador que ingressa com ação renovatória pleiteando valor irrisório ou notadamente abaixo dos praticados no mercado. Essa prática é atentatória à justiça, acarretando, por conseguinte, a penalidade processual representada pelo ônus da sucumbência.

V – indicação do fiador quando houver no contrato a renovar e, quando não for o mesmo, com indicação do nome ou denominação completa, número de sua inscrição no Ministério da Fazenda, endereço e, tratando-se de pessoa natural, a nacionalidade, o estado civil, a profissão e o número da carteira de identidade, comprovando, desde logo, mesmo que não haja alteração do fiador, a atual idoneidade financeira;
Inciso com redação dada pela Lei n. 12.112, de 09.12.2009.

Como já dito anteriormente, a ação renovatória possui um amplo espectro em relação à matéria que pode ser objeto de debate durante o curso do imbróglio. A garantia é requisito essencial do contrato de locação, sem o qual este não sobrevive, sendo a modalidade fidejussória (fiador) prática mais que comum. É sabido que a fiança representa uma grande parte das garantias comumente utilizadas nas locações.

A responsabilidade do fiador, contudo, cessa no momento em que o prazo do contrato se finda, de forma que a ação renovatória não obriga que o fiador continue a prestar fiança. Observando o que foi previamente dito, temos à frente duas possibilidades no que tange ao fiador em sede de ação renovatória. Na primeira, o fiador pode dar continuidade à sua obrigação, reafirmando-a por meio de documentação. Na segunda hipótese, pode ocorrer a alteração do fiador, caso em que a lei exige, juntamente com o pedido de alteração, que seja informado o nome ou denominação social, CPF ou CNPJ e, no caso de pessoa natural, é exigida também a nacionalidade, estado civil, profissão, RG e, ainda, de acordo com o CPC, a declaração de que a pessoa vive maritalmente ou não. Em ambos os casos, é imperioso que seja comprovada a idoneidade financeira do fiador.

VI – prova de que o fiador do contrato ou o que o substituir na renovação aceita os encargos da fiança, autorizado por seu cônjuge, se casado for;

É necessária a aceitação expressa do fiador que se incumbir de suportar os encargos de sua função, sendo exigido também que, no caso de ele possuir vínculo conjugal, junte como parte de sua aceitação a outorga uxória ou marital, de maneira a dar ciência inequívoca ao cônjuge da relação jurídica que ali se estabelece.

Em relação à união estável, o Superior Tribunal de Justiça recentemente exarou decisão no REsp n. 1.299.894/DF (4ª T., rel. Min. Luís Felipe Salomão, *DJe* 28.03.2014) no sentido de que, por não ser dotada de publicidade, não há como se exigir de terceiros o conhecimento da união estável. Assim, caso o fiador declare ser solteiro, sem mencionar a vida em conjunto com companheiro(a), será válida a fiança. Contudo, o CPC avançou consideravelmente no tratamento dispensado à união estável. Sua existência passa a ser requisito essencial da inicial, assim como o estado civil. Além disso, no que tange às ações possessórias, aplica-se o disposto no art. 73 do CPC às uniões estáveis, devidamente comprovadas nos autos. Dessa forma, e até mesmo considerando que a união estável comprovada rege-se, em regra, pela separação parcial de bens, é possível que se verifique mudanças futuras na jurisprudência quanto à possibilidade de outorga do companheiro na fiança.

VII – prova, quando for o caso, de ser cessionário ou sucessor, em virtude de título oponível ao proprietário.

O art. 51, § 1º, dita os casos em que pode ocorrer sucessão ou cessão da locação, sendo entendido que aquilo que credencia o sucessor ou cessionário é a transferência do fundo de comércio, juntamente com a locação devidamente registrada na Junta Comercial do Estado. Tal prova então é realizada pela juntada de certidão expedida por aquele órgão.

> **Parágrafo único. Proposta a ação pelo sublocatário do imóvel ou de parte dele, serão citados o sublocador e o locador, como litisconsortes, salvo se, em virtude de locação originária ou renovada, o sublocador dispuser de prazo que admita renovar a sublocação; na primeira hipótese, procedente a ação, o proprietário ficará diretamente obrigado à renovação.**

O presente parágrafo faculta ao sublocatário do imóvel, ainda que parcial, a propositura da ação revisional de aluguel. Nesse caso, deve ser citado não apenas o locador, como de praxe, mas também o sublocador (locatário), eis que ambos têm interesse no deslinde da causa. Contudo, para que o sublocatário possa ajuizar a ação, deve ser legítimo, ou seja, reconhecido contratualmente.

Caso o sublocador (locatário) disponha de prazo que admita a renovação da sublocação, este responderá a ação renovatória, uma vez que a relação jurídica discutida foi firmada diretamente com o sublocatário. Do contrário, vincula-se o locador, uma vez julgada procedente a ação renovatória.

> **Art. 72. A contestação do locador, além da defesa de direito que possa caber, ficará adstrita, quanto à matéria de fato, ao seguinte:**

Novamente visando a celeridade e o respeito à identidade procedimental, o legislador buscou delimitar as discussões a serem travadas no aspecto fático da relação processual, sem prejuízo a toda matéria processual e de direito que for pertinente à lide.

> **I – não preencher o autor os requisitos estabelecidos nesta Lei;**

O réu pode e deve alertar o juízo para o não preenchimento dos requisitos essenciais para a propositura da ação renovatória, todos previstos nos arts. 51 e 71 da presente lei. Uma vez comprovadas as alegações do réu, a ação deve ser extinta sem resolução do mérito, sob o fundamento de ser o autor carecedor de ação, pois estão ausentes requisitos básicos ensejadores da ação renovatória.

> **II – não atender, a proposta do locatário, o valor locativo real do imóvel na época da renovação, excluída a valorização trazida por aquele ao ponto ou lugar;**

Como parte da impugnação específica, o réu pode não concordar com a proposta ofertada pelo autor baseada no valor real da locação do imóvel, sendo defeso a ele pleitear majoração do aluguel baseada na valorização do ponto e do imóvel em razão do estabelecimento do fundo de comércio desenvolvido pelo locatário. Não basta que o locador discorde do valor pretendido, é imperioso que seja respeitado o caráter dúplice da ação renovatória. Assim, o réu deve trazer à baila sua contraproposta, pois dessa forma pode-se viabilizar o acordo entre as partes.

III – ter proposta de terceiro para a locação, em condições melhores;
Veja art. 75 desta Lei.

O réu poderá juntar aos autos prova da proposta realizada por terceiro em melhores condições daquela que fora feita pelo réu, lembrando que o terceiro não poderá exercer o mesmo ramo de atividade do locatário. Destaque-se que a avaliação de melhores condições não necessariamente está atrelada ao preço mais elevado. Após essas alegações, o autor poderá cobrir a oferta realizada por terceiro em pé de igualdade e sob as mesmas condições. Se assim o fizer, terá direito à renovação.

O terceiro proponente deve figurar como litisconsorte passivo na ação renovatória, pois a sentença necessariamente repercutirá nele. Isso porque, se acolhida a pretensão do réu em não renovar o contrato de locação baseado em proposta de terceiro, este será solidariamente responsável pelo *quantum* indenizatório devido em função das despesas com a mudança, perda do lugar e desvalorização do fundo de comércio, de tal forma que o *quantum* arbitrado deverá ser estabelecido em sentença a ser executada nos próprios autos.

Caso a relação locatícia entre terceiro proponente e oblato proprietário não prospere, será necessária a averiguação de fraude ou simulação. Se assim for comprovado, além da indenização aqui já abordada, o locatário prejudicado poderá ingressar com ação de natureza indenizatória, fundamentada não mais por esta lei, mas sim pelos princípios gerais do direito civil, pois os princípios da função social do contrato, boa-fé objetiva e probidade ao negociar foram feridos de morte, não podendo tal ato subsistir sem a devida repreensão.

IV – não estar obrigado a renovar a locação (incisos I e II do art. 52).

A lei é clara quando dita que o locador não estará obrigado a renovar o contrato de locação quando retomar o imóvel para obras ou reformas, ou ainda quando solicitar o imóvel para uso próprio e transferência de fundo de comércio, todos já abordados. Importante aqui salientar que o locador possui prazo de três meses para dar a destinação que fundamentou a retomada, devendo essa pretensão ser requerida em ação autônoma. Em especial no caso da hipótese de retomada para obras, o locador possui sessenta dias para iniciá-las, sob pena de incorrer no crime previsto no art. 44, III, desta lei.

---

§ 1º No caso do inciso II, o locador deverá apresentar, em contraproposta, as condições de locação que repute compatíveis com o valor locativo real e atual do imóvel.

A irresignação do locador que recebe proposta realizada pelo locatário incompatível com o imóvel deve ser manifestada em sua resposta na ação renovatória. Contudo, apenas a irresignação não basta: o locador deve apresentar contraproposta no corpo de sua petição ou em instrumento separado contendo as condições e os valores que entender correspondentes com o real valor de seu imóvel. Destaque-se que, pelo trâmite do rito comum, a contestação será oferecida apenas quinze dias após a realização da audiência de conciliação ou de sua dispensa.

---

§ 2º No caso do inciso III, o locador deverá juntar prova documental da proposta do terceiro, subscrita por este e por duas testemunhas, com clara indicação do ramo a ser explorado, que não poderá ser o mesmo do locatário. Nessa hipótese, o locatário poderá, em réplica, aceitar tais condições para obter a renovação pretendida.

A mera alegação da existência de proposta de terceiro não é suficiente para impedir que o contrato de locação se renove. O locador deve juntar prova documental da proposta devidamente assinada por duas testemunhas, na qual conste o ramo de atuação que o terceiro pretende explorar, destacando-se aqui que não poderá ser o mesmo do atual locatário. A partir do momento em que o locatário toma ciência inequívoca da proposta realizada pelo terceiro, poderá, em réplica, rechaçá-la, aceitando as condições propostas pelo terceiro, obrigando o locador a renovar o contrato de locação.

---

§ 3º No caso do inciso I do art. 52, a contestação deverá trazer prova da determinação do Poder Público ou relatório pormenorizado das obras a serem realizadas e da estimativa de valorização que sofrerá o imóvel, assinado por engenheiro devidamente habilitado.

No caso de obras cuja realização o Poder Público determinar, a contestação deverá conter provas de seu projeto e um relatório detalhado das modificações a serem realizadas, bem como a estimativa de valorização do imóvel, sendo indispensável que o engenheiro esteja devidamente cadastrado no Conselho Regional de Engenharia e Agronomia – CREA, com vistas a conferir confiabilidade.

§ 4º Na contestação, o locador, ou sublocador, poderá pedir, ainda, a fixação de aluguel provisório, para vigorar a partir do primeiro mês do prazo do contrato a ser renovado, não excedente a oitenta por cento do pedido, desde que apresentados elementos hábeis para aferição do justo valor do aluguel.

O locador poderá se utilizar do caráter dúplice da ação renovatória para atribuir valor provisório ao aluguel que deverá vigorar enquanto durar a contenda, sendo exigido desde o primeiro mês do prazo do contrato a ser renovado, de maneira que o valor atribuído não possa exceder 80% do valor pleiteado.

Trata-se de hipótese peculiar de tutela provisória, uma vez que faculta-se seu pedido ao locador réu da ação renovatória, já em momento de contestação. Dessa forma, pela literalidade do art. 303 do CPC, não se aplica a tutela antecipada em caráter antecedente aqui, eis que essa modalidade é dirigida ao autor da ação, devendo ser requerida já na petição inicial. Conclui-se que o aluguel provisório, em sede de ação renovatória, não poderá se tornar definitivo, nos termos do art. 304 da lei processual.

§ 5º Se pedido pelo locador, ou sublocador, a sentença poderá estabelecer periodicidade de reajustamento do aluguel diversa daquela prevista no contrato renovando, bem como adotar outro indexador para reajustamento do aluguel.

O comando jurisdicional pode se sobrepor à vontade contratual exteriorizada no contrato firmado entre as partes, no que tange ao lapso temporal mínimo para o reajuste do *quantum* locatício. Além disso, pode a sentença adotar novo índice, que imperará e regulará, dessa forma, novo reajuste entre as partes.

Art. 73. Renovada a locação, as diferenças dos aluguéis vencidos serão executadas nos próprios autos da ação e pagas de uma só vez.

120 | ARTS. 73 A 75

Se a sentença estabelecer que o valor do aluguel a ser utilizado é superior ou inferior ao estabelecido a título de provisório, as diferenças entre o definitivo e o provisório deverão ser calculadas e executadas nos próprios autos. Deverão ainda ser cobradas em sua integridade e em parcela única, como é o entendimento do Superior Tribunal de Justiça: "Os juros moratórios sobre as diferenças entre os valores do aluguel original e o fixado na ação renovatória são contados a partir da data da citação na ação de execução. Inteligência do art. 73 da Lei n. 8.245/91. Precedente do STJ. Recurso conhecido e improvido" (STJ, REsp n. 1.034.112/SP, rel. Min. Arnaldo Esteves de Lima, j. 04.12.2008, v.u.).

Art. 74. Não sendo renovada a locação, o juiz determinará a expedição de mandado de despejo, que conterá o prazo de 30 (trinta) dias para a desocupação voluntária, se houver pedido na contestação.
Caput *com redação dada pela Lei n. 12.112, de 09.12.2009.*

Se o pedido do locatário não prosperar ou se as condições estabelecidas na renovatória estiverem fora de seu alcance financeiro, a renovação do contrato não acontecerá, findando-se dessa forma a relação *ex locato*. A partir desse momento, possibilita-se ao locador requerer expedição de mandando de despejo com a finalidade de declarar extinta a relação locatícia, bem como desapossar o locatário do imóvel no qual está estabelecido.

---

§§ 1º a 3º *(Vetados.)*

Art. 75. Na hipótese do inciso III do art. 72, a sentença fixará desde logo a indenização devida ao locatário em consequência da não prorrogação da locação, solidariamente devida pelo locador e o proponente.

A ação renovatória é ação exclusiva das relações locatícias não residenciais, pois visa proteger o fundo de comércio estabelecido pelo locatário.

Esta lei protege o fundo de comércio, que é bem incorpóreo de propriedade do locatário. Quaisquer afrontas a esse patrimônio devem ser devidamente ressarcidas, figurando como credores solidários o locador e o terceiro que deu origem à não renovação do pacto locatício.

RESUMO DA AÇÃO RENOVATÓRIA

Objetivo	O autor deseja dar continuidade à relação locatícia, buscando o Poder Judiciário para renovar compulsoriamente o contrato de locação não residencial.
Rito	Comum, previsto no art. 318 do CPC.
Requisitos da inicial	Além dos tratados no art. 319 do CPC, devem ser apresentados: a prova de vigência da locação por, no mínimo, 5 anos; que esteja há 3 anos explorando o mesmo fundo de comércio; que o contrato seja escrito por tempo determinado; a prova de seu cumprimento e da quitação de impostos e taxas a cargo do locatário; indicação das condições oferecidas para renovação; e fiador, entre outros, nos termos do art. 71.
Contestação	O réu poderá alegar que o autor não preenche os requisitos legais, que a proposta não se coaduna com o valor real, ter melhor proposta de terceiros ou não estar obrigado a renovar o contrato (art. 52, I e II), conforme o art. 72.
Contraproposta	Caso não concorde com a proposta do locatário, o locador deverá oferecer contraproposta com as condições que repute adequadas (art. 72, § 1º).
Proposta de terceiros	Deverá ser apresentada pelo locador, para que o locatário possa, em réplica, se assim o quiser, igualar as condições, mantendo o contrato, a teor do art. 72, § 2º. A proposta de terceiro deverá ser assinada por duas testemunhas e não poderá partir do mesmo ramo de atividade do locatário.
Aluguel provisório	Conforme o art. 72, § 4º, ambas as partes poderão solicitar a fixação de aluguel provisório, que não poderá ser excedente a 80% do pedido, vigorando a partir do primeiro mês de renovação.
Aluguéis vencidos	Uma vez renovada a locação, a teor do art. 73, se houver diferença de aluguéis vencidos, estes deverão ser executados nos próprios autos da ação de renovação, em sua integridade e em parcela única.
Indeferimento da renovação	Nesse caso, deverá ser expedido mandado de despejo, assinalando prazo de 30 dias para desocupação voluntária. No caso de haver proposta mais vantajosa e, em decorrência, o contrato não for renovado, será fixada indenização devida ao locatário, solidariamente entre o locador e o terceiro proponente. É o que se depreende dos arts. 74 e 75.

TÍTULO III
DAS DISPOSIÇÕES FINAIS E TRANSITÓRIAS

Art. 76. Não se aplicam as disposições desta Lei aos processos em curso.

É necessário que a nova lei que entra em vigor discipline seu espectro de aplicabilidade sempre respeitando o direito adquirido e a coisa julgada, não podendo de forma alguma ampliar sua margem de eficácia de forma a atingir fatos pretéritos e consumados, pois então se geraria uma situação de extrema insegurança jurídica, sem levar em conta os imensos problemas de implantação de uma nova situação jurídica perfeitamente adaptada à nova norma, problemas esses que seriam de ordem econômica, financeira, política e social. Em suma, seriam criados mais problemas do que soluções, o que não é a intenção da inovação legislativa. Assim, o legislador achou por bem preservar os processos que estão em curso, devendo os processos propostos enquanto vigente a antiga lei continuarem a ser regulados por ela, aplicando-se a presente lei apenas às ações propostas a partir de sua entrada em vigor.

Art. 77. Todas as locações residenciais que tenham sido celebradas anteriormente à vigência desta Lei serão automaticamente prorrogadas por tempo indeterminado, ao término do prazo ajustado no contrato.

É tratada aqui a questão do direito intertemporal, sempre complexa. O legislador buscou aliar os interesses de locador e locatário para que seja suavizada a transição entre um sistema e outro, tendo em vista a arcaica e lacunada Lei de Luvas, que é a predecessora desta.

Art. 78. As locações residenciais que tenham sido celebradas anteriormente à vigência desta Lei e que já vigorem ou venham a vigorar por prazo indeterminado, poderão ser denunciadas pelo locador, concedido o prazo de doze meses para a desocupação.

A presente lei ora comentada traz à sua luz aquelas locações que foram celebradas na data anterior à vigência desta e que vigorem ou venham a vigorar por tempo indeterminado, podendo serem rescindidas por denúncia vazia. Porém estas devem ser tratadas diferentemente das novas locações no tocante ao prazo estabelecido para se desocupar o imóvel, uma vez que nos contratos celebrados sob a égide da nova lei o prazo é de trinta dias, e os contratos celebrados anteriormente possuíam o elástico prazo de doze meses.

Parágrafo único. Na hipótese de ter havido revisão judicial ou amigável do aluguel, atingindo o preço do mercado, a denúncia somente poderá ser exercitada após vinte e quatro meses da data da revisão, se esta ocorreu nos doze meses anteriores à data da vigência desta Lei.

No caso de o contrato ter sido revisto judicial ou amigavelmente, estando equiparado ao preço de mercado, os contratos celebrados na vigência da lei anterior com revisão nos últimos doze meses só poderão ser denunciados após o decurso do prazo de 24 meses.

Art. 79. No que for omissa esta Lei aplicam-se as normas do Código Civil e do Código de Processo Civil.
Refere-se ao CC/1916.
Veja arts. 565 a 578 e 2.036, CC/2002.

A lei aqui determina expressamente o caráter complementar da legislação civilista em vigor, sendo compreendida pelo Código Civil e Código de Processo Civil, criando-se um sistema jurídico perfeitamente integrado, afastando definitivamente tentativas de interpretações restritivas e isoladas da presente lei. Com a entrada em vigor do atual CPC, em março de 2016, nasce a necessidade de reinterpretação de diversos dispositivos da presente lei, tarefa que será, em muitos casos, delegada à jurisprudência.

Art. 80. Para os fins do inciso I do art. 98 da Constituição Federal, as ações de despejo poderão ser consideradas como causas cíveis de menor complexidade.

A conversão de rito poderá ser requerida a fim de transformar o despejo, que originariamente é de rito ordinário, em rito sumaríssimo, alterando a competência para julgamento para os Juizados Especiais Cíveis, que após a decretação de conversão passarão a ser os competentes para o julgamento dessas demandas. Com a criação do rito comum, é possível reler o artigo, entendendo que as ações de despejo, que tradicionalmente tramitam pelo rito comum, poderão ser julgadas conforme o rito sumaríssimo, opcionalmente.

Em breve análise, impera o seguinte questionamento no concernente ao que são consideradas causas de menor complexidade para os efeitos deste artigo. A Lei n. 9.099/95 dirime essa dúvida ao dispor em seu art. 3º, III, que as ações de despejo que possuem como justificativa a utilização do imóvel para uso próprio poderão ser julgadas pelos Juizados Especiais Cíveis. Ressalte-se, contudo, que

124 | ARTS. 80 A 82

COMENTÁRIOS À LEI DE LOCAÇÕES

a utilização do rito sumaríssimo é opcional, podendo ainda as partes optarem por se utilizar do procedimento mais complexo que é o rito comum.

Art. 81. O inciso II do art. 167 e o art. 169 da Lei n. 6.015, de 31 de dezembro de 1973, passam a vigorar com as seguintes alterações:

"Art. 167. ....

II – ....

16) do contrato de locação, para os fins de exercício de direito de preferência."

"Art. 169. ....

..

III – o registro previsto no n. 3 do inciso I do art. 167, e a averbação prevista no n. 16 do inciso II do art. 167 serão efetuados no cartório onde o imóvel esteja matriculado mediante apresentação de qualquer das vias do contrato, assinado pelas partes e subscrito por duas testemunhas, bastando a coincidência entre o nome de um dos proprietários e o locador."

A Lei de Registros Públicos, por ocasião desta lei, incorporou a alteração prevista neste artigo, que regula a forma pela qual os contratos de locação deverão ser registrados. É inovação que facilita esses registros, uma vez que somente é necessária uma única via do contrato, desde que preenchidos os requisitos formais referentes às assinaturas dos contratantes e de suas respectivas testemunhas, sendo que somente a menção de um dos proprietários é suficiente para que o contrato seja averbado.

Art. 82. O art. 3º da Lei n. 8.009, de 29 de março de 1990, passa a vigorar acrescido do seguinte inciso VII:

"Art. 3º ....

..

VII – por obrigação decorrente de fiança concedida em contrato de locação."

A impenhorabilidade do bem de família é inovação jurídica que visa à preservação do único bem destinado à moradia da família, impedindo que esse bem sofra quaisquer onerações relativas a créditos oriundos de decisão judicial. Aplica-se esse postulado somente aos débitos que se originaram de um crédito comum, excluindo-se aqueles considerados especiais, como é o caso da hipoteca que recai sobre o bem impenhorável, os créditos tributários e, agora, com a novidade trazida por esta lei, o fiador que se engaja na garantia de determinada obrigação também poderá ter seu imóvel penhorado em virtude da execução dessa garantia, e nessa esteira o Egrégio Tribunal de Justiça do Estado de São Paulo já decidiu e sedimentou a questão quando diz que "O imóvel de propriedade do fiador de contrato de locação responde pelas obrigações contratuais por força da exceção estampada no art. 3º, VII, da Lei n. 8.009/90, acrescentado pelo art. 82 da Lei n. 8.245/91. Apelação improvida", eliminando as controvérsias interpretativas que poderiam resultar da aplicação deste dispositivo (TJSP, AC n. 990.09.229862-3, rel. Des. Lino Machado, j. 03.11.2010, v.u.).

Art. 83. Ao art. 24 da Lei n. 4.591, de 16 de dezembro de 1964, fica acrescido o seguinte § 4º:

"Art. 24. ....

..

4º Nas decisões da assembleia que envolvam despesas ordinárias do condomínio, o locatário poderá votar, caso o condômino locador a ela não compareça."

O referido artigo da Lei de Condomínio foi novamente alterado pela Lei n. 9.267/96, passando a constar que "nas decisões da Assembleia que não envolvam despesas extraordinárias do condomínio, o locatário poderá votar, caso o condômino-locador a ela não compareça". Isso porque, com a alteração dada ao art. 24, § 4º, da Lei n. 4.591/64, embora suporte em parte encargos condominiais, o inquilino não é considerado condômino, não podendo votar em matérias afetas ao proprietário do imóvel. Em suma, é condômino o proprietário do imóvel e aqueles a ele equiparados, nos termos do art. 1.334, § 2º, do CC, a saber: os promitentes compradores e os cessionários de direitos relativos às unidades autônomas.

Em caso de ausência de pagamento das quotas condominiais, o condomínio poderá acionar diretamente o condômino, uma vez que o crédito condominial, desde que previsto em convenção ou aprovado em assembleia condominial, documentalmente comprovado, constitui título executivo extrajudicial, nos termos do art. 784, X, do CPC. O *status* de título executivo extrajudicial confere à cobrança das dívidas condominiais maior eficiência e celeridade. Conforme o antigo ordenamento, era necessário que tais débitos fossem questionados na fase de conhecimento de morosa ação de cobrança para, apenas ao final do processo, poder executar o título executivo judicial que conferia o crédito ao condomínio: a sentença.

Com a nova sistemática, as contribuições condominiais delineadas na forma do citado artigo processual podem ser cobradas por intermédio de ação de execução, na qual o devedor contará com o exíguo prazo de três dias para pagamento da dívida condominial, contados da citação (art. 829 do CPC). Caso não quite o débito no prazo assinalado, poderá sofrer constrição patrimonial, inclusive quanto à unidade imobiliária. Dessa forma, mesmo que a responsabilidade de

126 | ARTS. 83 A 85

pagamento de débitos de condomínio seja atribuída ao locatário, o responsável pela dívida continua sendo o locador/proprietário do imóvel, que poderá, em momento diverso, cobrar a dívida avençada com o inquilino do imóvel.

Art. 84. Reputam-se válidos os registros dos contratos de locação dos imóveis, realizados até a data da vigência desta Lei.

O dispositivo transitório visa tornar menos conflituosa a transição entre uma lei e outra com o intuito de abranger os casos que serão objeto de controvérsia, regulando-se, dessa forma, a eficácia da novel legislação aos casos que se aperfeiçoaram em data pretérita à vigência desta lei.

Art. 85. Nas locações residenciais, é livre a convenção do aluguel quanto a preço, periodicidade e indexador de reajustamento, vedada a vinculação à variação do salário mínimo, variação cambial e moeda estrangeira:

Consagrado o princípio da autonomia da vontade (art. 421 do CC), que é basilar nas teorias contratualistas que regem a interpretação dos dispositivos civilistas no Brasil, a lei não busca determinar de que maneira o reajuste ou que cláusula deverá existir no contrato. A lei busca simplesmente evitar que ocorram abusos e destemperos de qualquer uma das partes.

Neste caso, a ordem pública delimita que a convenção do aluguel em relação ao seu preço não pode ser realizada em salário mínimo, variação cambial e moeda estrangeira, e, ainda, por força do Código Civil (art. 318), já que este diploma pode ser utilizado na interpretação suplementar desta lei (art. 79 da Lei de Locações), não se pode utilizar ouro para o pagamento do aluguel.

I – dos imóveis novos com habite-se concedido a partir da entrada em vigor desta Lei;

A lei traz dois incisos com as delimitações impostas no *caput* do artigo em comento. O primeiro inciso traz a questão dos imóveis novos com habite-se a partir da entrada em vigor desta lei. Habite-se nada mais é do que o alvará expedido pela Prefeitura ou, no caso de Brasília, pelo Governo do Distrito Federal, para que as pessoas possam habitar imóvel novo.

II – dos demais imóveis não enquadrados no inciso anterior, em relação aos contratos celebrados, após cinco anos de entrada em vigor desta Lei.

Já no segundo comando, que se refere a imóveis usados, foi dado um prazo de cinco anos para que as partes contratantes chegassem a um novo denominador de valor e reajuste do aluguel pautado em moeda nacional.

Art. 86. O art. 8º da Lei n. 4.380, de 21 de agosto de 1964 passa a vigorar com a seguinte redação:

"Art. 8º O sistema financeiro da habitação, destinado a facilitar e promover a construção e a aquisição da casa própria ou moradia, especialmente pelas classes de menor renda da população, será integrado."

A Lei de Locações alterou a redação do art. 8º da Lei n. 4.380/64, acrescentando apenas a questão do financiamento da moradia, já que a redação original tratava apenas da casa própria, visando o beneficiamento da população de baixa renda, que não teria condições de adquirir sua casa própria ou moradia de forma diversa.

Art. 87. (*Vetado.*)
Art. 88. (*Vetado.*)

Art. 89. Esta Lei entrará em vigor sessenta dias após a sua publicação.

A Lei de Locações teve período de *vacatio legis* de sessenta dias. Apenas ao final desse prazo, contado da data de sua publicação, passou a vigorar, ou seja, em 20.12.1991.

Art. 90. Revogam-se as disposições em contrário, especialmente:

A partir de sua entrada em vigor, ficaram automaticamente revogados os dispositivos que contrariavam o novo diploma legal, notadamente os que se seguem.

I – o Decreto n. 24.150, de 20 de abril de 1934;

O decreto revogado, da Era Vargas, dispunha sobre as condições e processo de renovação de contratos de locação para fins residenciais ou industriais.

II – a Lei n. 6.239, de 19 de setembro de 1975;

A referida Lei n. 6.239/75, por seu turno, tratava das ações de despejo de hospitais, unidades sanitárias e estabelecimentos de saúde e ensino, que passam a ser previstas na presente Lei de Locações.

III – a Lei n. 6.649, de 16 de maio de 1979;

A Lei n. 6.649/79, por seu turno, se destinava a regular as relações locatícias urbanas. Ela foi editada durante a Ditadura Militar, tendo vigorado, com algumas alterações, até ser editada a lei em comento nesta obra.

IV – a Lei n. 6.698, de 15 de outubro de 1979;

Já a Lei n. 6.698/79 originalmente dispunha sobre o reajuste dos contratos de locação, tendo sido também revogada pela nova Lei do Inquilinato.

V – a Lei n. 7.355, de 31 de agosto de 1985;

A Lei n. 7.355/85 teve como fito a alteração apenas de um artigo da antiga Lei do Inquilinato, em relação ao contrato de locação ajustado pelo usuário ou fiduciário, e também foi revogada pelo advento da nova Lei do Inquilinato.

VI – a Lei n. 7.538, de 24 de setembro de 1986;

No que toca à Lei n. 7.538/86, que regulava especificamente a execução de sentença em ações de despejo, também foi revogada, eis que a Lei de Locações traz aspectos de direito material e processual, sendo complementada, no que couber, pelo Código de Processo Civil.

VII – a Lei n. 7.612, de 09 de julho de 1987; e

A Lei n. 7.612/87 originalmente dispunha sobre a suspensão do processo de despejo. Contudo, como o despejo passa a ser regulado pela presente lei, tem-se a revogação da anterior.

VIII – a Lei n. 8.157, de 03 de janeiro de 1991.

A referida Lei n. 8.157/91 havia modificado parcialmente a Lei n. 6.649/79, tendo sido ambas revogadas pelo advento da atual Lei de Locações.

Brasília, 18 de outubro de 1991;
170º da Independência e 103º da República.

FERNANDO COLLOR

ANEXO

PRAZOS – LEI N. 8.245/91		
TEMPO	**PRAZO**	**PREVISÃO**
HORAS 24	Determinada a citação do réu, o autor da ação de consignação em pagamento é intimado a efetuar o depósito no valor indicado na inicial em 24 horas, sob pena de extinção do processo.	Art. 67, II
DIAS 5	Complementação do depósito judicial na ação de consignação em pagamento, caso depositado a menor, contados da ciência do oferecimento da resposta.	Art. 67, VII
10	Complementação da purga da mora, no caso de valor não integral, em ação de despejo.	Art. 62, III
15	Desocupação liminar nas ações de despejo, desde que prestada caução correspondente a 3 meses de aluguel, nos termos do art. 59, § 1º.	Art. 59, § 1º
15	Depósito judicial do total devido com vistas a elidir a liminar de desocupação do imóvel e a rescisão contratual em ação de despejo por falta de pagamento.	Art. 59, § 3º, c/c art. 62, II

(continua)

130 | COMENTÁRIOS À LEI DE LOCAÇÕES

(continuação)

	30	Comunicação ao locador da devolução do imóvel se decorrer de transferência para prestação de serviço em localidade diversa. Gera dispensa da multa.	Art. 4º, parágrafo único
	30	Resilição unilateral do contrato de locação por tempo indeterminado pelo locatário, mediante denúncia do locatário.	Art. 6º
	30	Desocupação do imóvel no caso de extinção do usufruto ou do fideicomisso.	Art. 7º
	30	No caso de modificação da pessoa do locatário, o fiador poderá se exonerar em 30 dias, mas continua responsável nos 120 dias seguintes à notificação ao locador.	Art. 12, § 2º
	30	Manifestação da oposição do locador, nos casos de cessão da locação, sublocação e empréstimo do imóvel, após notificação pelo locatário.	Art. 13, § 2º
DIAS	30	Pagamento do aluguel (na falta de estipulação de prazo, considera-se o sexto dia útil seguinte ao vencido), salvo na locação por temporada e no caso de a locação não estar garantida por nenhuma modalidade, quando poderá exigir-se pagamento antecipado.	Art. 20, c/c arts. 23 e 42
	30	Aceite, pelo locatário, do direito de preferência, sob pena de caducidade da proposta, no caso de venda, promessa de venda ou de cessão de direito ou dação e pagamento.	Art. 28
	30	Substituição da caução em títulos e ações em caso de concordata, falência ou liquidação das sociedades emissoras.	Art. 38, § 3º
	30	Prazo para apresentação de nova garantia locatícia, nos termos do art. 40, sob pena de desfazimento da locação.	Art. 40, parágrafo único

(continua)

(continuação)

	30	Nas locações superiores a 30 meses, findo o período contratual, há 30 dias para denúncia da locação, caso contrário o contrato será automaticamente prorrogado por prazo indeterminado.	Art. 46, § 1º
DIAS	30	Prorrogado o contrato nos termos do art. 46, o locador poderá denunciar a qualquer momento (denúncia vazia), concedendo prazo de 30 dias para desocupação.	Art. 46, § 2º
	30	Na locação não residencial, findo o prazo determinado, se o locatário permanecer no imóvel por prazo superior a 30 dias, o contrato fica prorrogado por prazo indeterminado.	Art. 56, parágrafo único
	30	Se o contrato de locação não residencial for por prazo indeterminado, após a denúncia, são garantidos 30 dias para a desocupação pelo locatário.	Art. 57
	30	Propositura da ação de despejo com pedido liminar, contados da notificação premonitória, comunicando o intento de retomada. Após esse prazo, não é possível pleitear a liminar prevista na Lei n. 8.245/91.	Art. 59, § 1º, VIII
	30	Desocupação voluntária, uma vez julgada procedente a ação de despejo. O prazo cairá pela metade nas hipóteses do art. 63, § 1º, *a* e *b*.	Art. 63, *caput* e § 1º
	30	Respeito ao período de nojo de cônjuge, ascendente, descendente ou irmão de pessoa que habite o imóvel em caso de despejo. Caso não respeitado, gera responsabilidade criminal.	Art. 65, § 2º, c/c art. 44, IV
	30	Desocupação voluntária após expedição de mandado de despejo, não sendo renovada a locação em sede de ação renovatória.	Art. 74

(continua)

(continuação)

DIAS	60	Responsabilidade do fiador, após sua exoneração, no contrato de locação por tempo indeterminado. No contrato por tempo determinado, deve cumprir o prazo estipulado.	Art. 39 c/c art. 835, CC
	60	Prazo para exigibilidade, pelo locatário ou entidade de classe, de comprovação das despesas, no caso de locação de espaço em *shopping center*.	Art. 54, § 2º
	90	Denúncia do contrato pelo adquirente do imóvel, se alienado durante a locação. Não se aplica se a locação for por tempo determinado e estiver averbada junto à matrícula do imóvel.	Art. 8º
	90	Denúncia do contrato quando da extinção de usufruto ou fideicomisso. Após, presume-se a concordância com a locação.	Art. 7º, parágrafo único
	90	Prazo máximo na locação para temporada. Se o locatário permanecer no imóvel por mais de 30 dias, a locação fica prorrogada por tempo indeterminado.	Arts. 48 e 50
	120	Responsabilidade do fiador, após exoneração comunicada ao locador, quando da prorrogação do contrato de locação por tempo indeterminado.	Art. 40, X
MESES	3	Prazo, após a entrega do imóvel, para início das obras determinadas pelo Poder Público, ou da destinação alegada em caso de retomada de imóvel comercial, sob pena de indenização ao locatário.	Art. 52, § 3º
	6	Locatário preterido no direito de preferência pode requerer o imóvel, desde que o contrato de locação esteja averbado na matrícula do imóvel ao menos 30 dias antes da alienação.	Art. 33

(continua)

ANEXO | 133

(continuação)

MESES	6	Desocupação do imóvel se o locatário manifestar sua concordância nas ações de despejo fundadas nos arts. 46, § 2º, e 47, III e IV.	Art. 61
	12	Desocupação do imóvel, após denúncia pelo locador, nas locações residenciais celebradas antes da vigéncia da presente lei, com prazo indeterminado. Se tiver havido revisão judicial nos 12 meses que antecederam a lei, o prazo duplica.	Art. 78
	24	Não é admitida a emenda da mora na ação de despejo se o réu houver utilizado essa faculdade nos 24 meses anteriores à propositura da ação.	Art. 62, parágrafo único
	30	Ocorrendo a prorrogação do contrato de locação por temporada, o locador somente poderá renunciar após 30 meses de seu início ou nas hipóteses do art. 47.	Art. 50, parágrafo único
ANOS	1	Prazo máximo para despejo de instituições de ensino (mínimo de 6 meses), devendo o despejo coincidir com o período de férias escolares.	Art. 63, § 2º
	1	Prazo máximo anterior à data de finalização do contrato para propositura da ação renovatória (mínimo de 6 meses). É prazo decadencial.	Art. 51, § 5º
	1	Despejo de hospitais, repartições públicas, unidades sanitárias, asilos e estabelecimentos de saúde e de ensino para reparos urgentes ou obras de aumento da área útil. Se passado mais de 1 ano da citação, o prazo cairá pela metade.	Art. 63, § 3º

(continua)

134 | COMENTÁRIOS À LEI DE LOCAÇÕES

(continuação)

ANOS	3	Possibilidade de revisão judicial do aluguel após 3 anos de vigência do contrato, não havendo acordo entre as partes.	Art. 19
	5	Prazo mínimo de vigência contratual para pleitear a renovação da locação não residencial. É necessário ainda que o locatário esteja explorando o comércio no mesmo ramo por, pelo menos, 3 anos.	Art. 51, I e II, c/c art. 71, I
	5	Se a vigência ininterrupta da locação ultrapassar 5 anos, quando ajustada com prazo inferior a 30 meses e automaticamente prorrogada, é possível que o locador proceda à retomada do imóvel.	Art. 47, V

SOBRE A LEI N. 14.216, DE 7 DE OUTUBRO DE 2021

A Lei n. 14.1216/2021 estabelece medidas excepcionais em razão da Emergência em Saúde Pública de Importância Nacional (Espin) decorrente da infecção humana pelo coronavírus SARS-CoV-2, para suspender o cumprimento de medida judicial, extrajudicial ou administrativa que resulte em desocupação ou remoção forçada coletiva em imóvel privado ou público, exclusivamente urbano, e a concessão de liminar em ação de despejo de que trata a Lei n. 8.245/91, e para estimular a celebração de acordos nas relações locatícias, na esperança inclusive de utilização dos meios extrajudiciais de soluções de conflito.

Além dos dizeres iniciais da Lei, ela dispensa o locatário do pagamento de multa em caso de denúncia de locação de imóvel e para autorizar a realização de aditivo em contrato de locação por meio de correspondências eletrônicas ou de aplicativos de mensagens, conforme dispõe seu primeiro artigo.

Ficaram suspensos até o dia 31.12.2021 os efeitos de atos ou decisões judiciais, extrajudiciais ou administrativos, editados ou proferidos desde a vigência do estado de calamidade pública reconhecido pelo Decreto Legislativo n. 6, de 20.03.2020, até um ano após o seu término, que imponham a desocupação ou a remoção forçada coletiva de imóvel privado ou público, exclusivamente urbano, que sirva de moradia ou que represente área produtiva pelo trabalho individual ou familiar. Aplica-se, inclusive, a suspensão nos seguintes casos, entre outros:

I – execução de decisão liminar e de sentença em ações de natureza possessória e petitória, inclusive mandado pendente de cumprimento;
II – despejo coletivo promovido pelo Poder Judiciário;

136 | COMENTÁRIOS À LEI DE LOCAÇÕES

III – desocupação ou remoção promovida pelo poder público;
IV – medida extrajudicial;
V – despejo administrativo em locação e arrendamento em assentamentos;
VI – autotutela da posse.

Mesmo assim, no término do prazo acima descrito, o Poder Judiciário deverá realizar audiências de mediação[1] com a participação do Ministério Público e da Defensoria Pública, nos processos de despejo, de remoção forçada e de reintegração de posse coletivos que estejam em tramitação e realizar inspeção judicial nas áreas em litígio.

Em seu terceiro artigo a lei pontuou com clareza o que se define por desocupação ou remoção forçada coletiva:

> Art. 3º Considera-se desocupação ou remoção forçada coletiva a retirada definitiva ou temporária de indivíduos ou de famílias, promovida de forma coletiva e contra a sua vontade, de casas ou terras que ocupam, sem que estejam disponíveis ou acessíveis as formas adequadas de proteção de seus direitos, notadamente:
> I – garantia de habitação, sem nova ameaça de remoção, viabilizando o cumprimento do isolamento social;
> II – manutenção do acesso a serviços básicos de comunicação, de energia elétrica, de água potável, de saneamento e de coleta de lixo;
> III – proteção contra intempéries climáticas ou contra outras ameaças à saúde e à vida;
> IV – acesso aos meios habituais de subsistência, inclusive acesso a terra, a seus frutos, a infraestrutura, a fontes de renda e a trabalho;
> V – privacidade, segurança e proteção contra a violência à pessoa e contra o dano ao seu patrimônio.

Importante se faz notar que a lei não trará mais a hipossufiência processual do locatário, nem sua vulnerabilidade material, mas procurará também estabelecer o equilíbrio sociofinanceiro do contrato. Portanto, o locatário deverá demonstrar a ocorrência de alteração da situação econômico-financeira decorrente de medida de enfrentamento da pandemia que resulte em incapacidade de pagamento do aluguel e dos demais encargos sem prejuízo da subsistência familiar. Aguardando o STJ analisar essa questão em todos os contratos, vislumbra-se que o art. 4º somente se aplicará aos contratos cujo valor mensal do aluguel não seja superior a: I – R$ 600,00 (seiscentos reais), em caso de loca-

---

1 *Vide* Lei n. 13.140/2015 (Lei de Mediação). GUILHERME, Luiz Fernando do Vale de Almeida. *Manual de Arbitragem, Mediação, Conciliação e Negociação*, 6.ed., Saraiva, 2022; e *Manual dos Mescs*, 2.ed. (no prelo), Manole, 2022.

ANEXO | 137

ção de imóvel residencial; e II – R$ 1.200,00 (mil e duzentos reais), em caso de locação de imóvel não residencial.

Como já dito anteriormente, duas questões da Lei n. 8.245/91 ainda merecem apreciação do STJ: o reajuste dos contratos via IGP-M, que tiveram uma sensível valorização em 2021, e as mudanças promovidas pela pandemia de Covid-19.

O ordenamento jurídico nacional foi alterado a partir do atual CPC, da nova Lei de Mediação e da alteração da Lei de Arbitragem (Lei n. 13.129/2015), todas ocorridas em 2015 na esperança de que o brasileiro tente acordos antes de chegar ao Poder Judiciário. Nesse mesmo diapasão, o art. 5º da Lei n. 14.216/2021 dispõe que:

> frustrada tentativa de acordo entre locador e locatário para desconto, suspensão ou adiamento, total ou parcial, do pagamento de aluguel devido desde a vigência do estado de calamidade pública reconhecido pelo Decreto Legislativo n. 6, de 20.03.2020, até um ano após o seu término, relativo a contrato findado em razão de alteração econômico-financeira decorrente de demissão, de redução de carga horária ou de diminuição de remuneração que resulte em incapacidade de pagamento do aluguel e dos demais encargos sem prejuízo da subsistência familiar, será admitida a denúncia da locação pelo locatário residencial até 31.12.2021: I – nos contratos por prazo determinado, independentemente do cumprimento da multa convencionada para o caso de denúncia antecipada do vínculo locatício; II – nos contratos por prazo indeterminado, independentemente do cumprimento do aviso prévio de desocupação, dispensado o pagamento da multa indenizatória.

Porém a denúncia da locação na forma prevista nos incisos I e II do *caput* desse mesmo artigo aplica-se à locação de imóvel não residencial urbano no qual se desenvolva atividade que tenha sofrido a interrupção contínua em razão da imposição de medidas de isolamento ou de quarentena, por prazo igual ou superior a trinta dias, se frustrada tentativa de acordo entre locador e locatário para desconto, suspensão ou adiamento, total ou parcial, do pagamento de aluguel devido desde a vigência do estado de calamidade pública reconhecido pelo Decreto Legislativo n. 6, de 20.03.2020, até um ano após o seu término.

Como excludente, a Lei ainda traz que não se aplica o disposto no art. 5º, acima tratado: quando o imóvel objeto da locação for o único de propriedade do locador, excluído o utilizado para sua residência, desde que os aluguéis consistam na totalidade de sua renda; a ocupações ocorridas após 31.03.2021 (art. 7º, I, da Lei n. 14.216/2021); e, por fim, os efeitos da Lei não alcançam as desocupações já perfectibilizadas na data da publicação da Lei n. 14.216/2021.

Como as pessoas (locador e locatário) não podiam negociar pessoalmente devido à pandemia, as tentativas de acordo para desconto, suspensão ou adiamento de pagamento de aluguel, ou que estabelecessem condições para garantir o reequilíbrio contratual dos contratos de locação de imóveis durante a Espin decorrente da infecção humana pelo coronavírus SARS-CoV-2, podiam ser realizadas por meio de correspondências eletrônicas ou de aplicativos de mensagens, e o conteúdo deles extraído tem valor de aditivo contratual, com efeito de título executivo extrajudicial, bem como prova a não celebração do acordo, mesmo que o contrato tenha cláusula de notificação. O art. 6º da Lei n. 14.216/2021 traz com clareza esses dizeres.

Pela emergência da pandemia, a Lei entrou em vigor na data de sua publicação no *Diário Oficial da União*, em 8 de outubro de 2021.

REFERÊNCIAS BIBLIOGRÁFICAS

ABREU FILHO, José. *O negócio jurídico e sua teoria geral*. 5.ed. São Paulo, Saraiva, 2003.

ALEXY, Robert. *Teoria dos direitos fundamentais*. Trad. Virgílio Afonso da Silva. São Paulo, Malheiros, 2008.

ALVES, Jones Figueirêdo Alves; DELGADO, Mário Luiz. *Código Civil anotado*. São Paulo, Método, 2005.

ALVIM, Agostinho. *Comentários ao Código Civil*. Rio de Janeiro, Ed. Jurídica e Universitária, 1968. v. 1.

ALVIM, Arruda; ASSIS, Araken de; ALVIM, Eduardo de Arruda. *Comentários ao Código de Processo Civil*. 3.ed. São Paulo, RT, 2014.

ANDRADE, Manuel A. Domingues de. *Teoria geral da relação jurídica*. Coimbra, Livraria Almedina, 1974. v. 2.

AZEVEDO, Antônio Junqueira de. *Negócio jurídico*. Existência, validade e eficácia. 4.ed. São Paulo, Saraiva, 2002.

BARROSO, Luís Roberto. *Curso de direito constitucional contemporâneo*. Os conceitos fundamentais e a construção do novo modelo. São Paulo, Saraiva, 2009.

BECKER, Anelise. *Teoria geral da lesão nos contratos*. São Paulo, Saraiva, 2000.

BECKER, Ramiro. *Comentário à Lei de Locações*. São Paulo, Nossa Livraria, 2011.

BEVILÁQUA, Clóvis. *Código Civil dos Estados Unidos do Brasil*. Ed. histórica. Rio de Janeiro, Rio, 1977.

BULOS, Uadi Lammêgo. *Constituição Federal anotada*. 4.ed. São Paulo, Saraiva, 2002.

CANOTILHO, José Joaquim Gomes. *Direito constitucional*. 6.ed. Coimbra, Livraria Almedina,1993.

140 | COMENTÁRIOS À LEI DE LOCAÇÕES

_____. MOREIRA, Vital Martins. *Lei dos Registros Públicos comentada*. 9.ed. São Paulo, Saraiva, 2011.

CAVALIERI FILHO, Sérgio. *Programa de responsabilidade civil*. 7.ed. São Paulo, Atlas, 2007.

CHALHUB, Melhim Namen. "Usucapião Administrativa". Disponível em: http://www.e-publicacoes.uerj.br/index.php/rdc/article/view/10973. Acessado em: 15.12.2021.

CHOHFI, Roberta Dib. "Comentários sobre a alteração sofrida pela Lei n. 12.112/2009". Disponível em: http://www.migalhas.com.br/mostra_noticia_articuladas.aspx?cod=100642. Acessado em: 15.12.2021.

CRETELLA JÚNIOR, José. *Curso de direito romano*. 20.ed. Rio de Janeiro, Forense, 1997.

DEL NERO, João Alberto Schutzer. *Conversão substancial do negócio jurídico*. Rio de Janeiro, Renovar, 2001.

DIDIER JR., Fredie. "Multa coercitiva, boa-fé processual e *supressio*: aplicação do *duty to mitigate the loss* no processo civil". *Revista de Processo*, ano 34, 1. 171, maio 2009.

_____. *Regras processuais no Novo Código Civil*. São Paulo, Saraiva, 2004.

_____; NOGUEIRA, Pedro Henrique Pedrosa. *Teoria dos fatos jurídicos processuais*. 2.ed. Salvador, Juspodivm, 2013.

DINAMARCO, Cândido Rangel. *Fundamentos do processo civil moderno*. 3.ed. São Paulo, Malheiros, 2000.

DINIZ, Maria Helena. *Conflito de normas*. São Paulo, Saraiva, 2003.

_____. *Curso de direito civil brasileiro*: teoria das obrigações contratuais e extracontratuais. 13.ed. São Paulo, Saraiva, v. 3.

_____. *Curso de direito civil brasileiro:* teoria das obrigações contratuais e extracontratuais. 26.ed. São Paulo, Saraiva, 2010. v. 3.

_____. *Curso de direito civil brasileiro:* teoria das obrigações contratuais e extracontratuais. 27.ed. São Paulo, Saraiva, 2012. v. 3.

_____. *Lei de Introdução ao Código Civil brasileiro interpretada*. São Paulo, Saraiva, 1994.

_____. *Lei de Locações de Imóveis Urbanos comentada*. 13.ed. São Paulo, Saraiva, 2014.

_____. *Novo Código Civil comentado*. Coord. Ricardo Fiuza. São Paulo, Saraiva, 2002.

DINIZ, Sousa (trad.). *Código Civil alemão*. Rio de Janeiro, Récord, 1960.

DINIZ, Sousa (trad.). *Código Civil francês*. Rio de Janeiro, Récord, 1963.

DINIZ, Sousa (trad.). *Código Civil italiano*. Rio de Janeiro, Récord, 1961.

DI PIETRO, Maria Sylvia Zanella. *Direito administrativo*. 14.ed. São Paulo, Atlas, 2002.

REFERÊNCIAS BIBLIOGRÁFICAS | 141

DUARTE, Ronnie Preuss. "A cláusula geral da boa-fé no novo Código Civil brasileiro". In: DELGADO, Mário Luiz; ALVES, Jones Figueirêdo. *Questões controvertidas no novo Código Civil*. São Paulo, Método, 2004. v. 2.

ENNECCERUS, Ludwig; KIPP, Theodor; WOLFF, Martin. *Tratado de derecho civil*: derecho de obrigaciones, v. 2, § 127. In: MENDONÇA, Manuel Inácio Carvalho de. *Contratos no direito civil brasileiro*. 2000, v. 2, n. 179.

FARIAS, Cristiano Chaves de; ROSENVALD, Nelson. *Direito civil*: teoria geral. 7.ed. Rio de Janeiro, Lumen Juris, 2008.

FERRAZ JÚNIOR, Tércio Sampaio. *Introdução ao estudo do direito*. São Paulo, Atlas, 1988.

FIUZA, Ricardo. *Novo Código Civil comentado*. São Paulo, Saraiva, 2002.

FRANÇA, Rubens Limongi. "Aplicação do direito positivo". In: *Enciclopédia Saraiva do Direito*. São Paulo, Saraiva, 1977.

_____. *Enciclopédia Saraiva do Direito*. São Paulo, Saraiva, 1977.

GODOY, Cláudio Luiz Bueno de. *Função social do contrato*. De acordo com o novo Código Civil. Coleção Prof. Agostinho Alvim. São Paulo, Saraiva, 2004.

GONÇALVES, Aderbal da Cunha. *Da propriedade resolúvel*: sua projeção na alienação fiduciária em garantia. São Paulo, Revista dos Tribunais, 1979.

GONÇALVES, Carlos Roberto. *Direito civil brasileiro*: contratos e atos unilaterais. 7.ed. São Paulo, Saraiva, 2010. 3. v.

GONZÁLEZ, Álvaro Tafur. *Código Civil anotado*. 29.ed. Bogotá, Leyer, 2010.

GRINOVER, Ada Pelegrini; WATANABE, Kazuo; LAGRASTA, Caetano (coord.). *Mediação e gerenciamento do processo*. São Paulo, Atlas, 2007.

GUILHERME, Luiz Fernando do Vale de Almeida. *Código Civil comentado*. Série Descomplicada, 1.ed. São Paulo, Rideel, 2013.

_____ (coord.). *Responsabilidade civil*. 1.ed. São Paulo, Rideel, 2011.

_____; ROCHA, Carolina Alves de Oliveira. "Novo CPC: recapitulando as principais alterações". Disponível em: http://www.migalhas.com.br/dePeso/16,MI236170,31047-Novo+CPC+Recapitulando+as+principais+al teracoes. Acessado em 15.12.2021.

GUMERATO RAMOS, Glauco. *Reforma do CPC 2*. São Paulo, RT, 2007.

HIRONAKA, Giselda Maria Fernandes Novaes et al. *Direito civil*: direito dos contratos. São Paulo, Revista dos Tribunais, 2008.

HIRONAKA, Giselda Maria Fernandes Novaes; TARTUCE, Flávio; SIMÃO, José Fernando. "O *Código Civil de 2002 e a Constituição Federal*: 5 anos e 20 anos". In: MORAES, Alexandre de (Coord.). *Os 20 anos da Constituição da República Federativa do Brasil*. São Paulo, Atlas, 2009.

LARENZ, Karl. *Derecho Civil*. Parte general. Trad. e notas Miguel Izquierdo y Mácias-Picavea. Madrid, Editorial Revista de Derecho Privado, 1978.

_____. *Metodologia da ciência do direito*. Trad. José Lamego. 5.ed. Lisboa, Fundação Calouste Gulbenkian, 1989.

142 | COMENTÁRIOS À LEI DE LOCAÇÕES

LOPES, João Batista. *Condomínio*. 7.ed. São Paulo, Revista dos Tribunais, 2000.

LOTUFO, Renan. *Código Civil comentado*. São Paulo, Saraiva, 2003.

MALUF, Carlos Alberto Dabus. *As condições no direito civil*. 2.ed. São Paulo, Saraiva, 1991.

MARTINS-COSTA, Judith. *Diretrizes teóricas do novo Código Civil brasileiro*. São Paulo, Saraiva, 2002.

MATTIETTO, Leonardo. "A representação voluntária e o negócio jurídico da procuração". *Revista Trimestral de Direito Civil*, São Paulo, 2000, v. 4.

MEIRELLES, Hely Lopes. *Direito administrativo brasileiro*. 12.ed. São Paulo, Revista dos Tribunais, 1986.

MELO, Marco Aurélio Bezerra de. *Novo Código Civil anotado*. 3.ed. rev., ampl. e atual. Rio de Janeiro, Lumen Juris, 2004.

MELLO, Celso Antônio Bandeira de. *Curso de direito administrativo*. 9.ed. São Paulo, Malheiros, 1997.

MELLO, Marcos Bernardes de. *Teoria do fato jurídico*. Plano da existência. 9.ed. São Paulo, Saraiva, 1999.

MENEZES CORDEIRO, António Manuel da Rocha e. *Da boa-fé no direito civil*. Coimbra, Almedina, 2001.

NADER, Paulo. *Curso de direito civil*. Rio de Janeiro, Forense, 2003.

NEGRÃO, Theotonio. *Código de Processo Civil e legislação processual em vigor*. 34.ed. São Paulo, Saraiva, 2002.

NEGREIROS, Teresa. *Fundamentos para uma interpretação constitucional do princípio da boa-fé*. Rio de Janeiro, Renovar, 1998.

NERY JUNIOR, Nelson. *Vícios do ato jurídico e reserva mental*. São Paulo, Revista dos Tribunais, 1983.

_____; NERY, Rosa Maria de Andrade. *Código de Processo Civil comentado*. 3.ed. São Paulo, Revista dos Tribunais, 1997.

PEREIRA, Caio Mário da Silva. *Condomínio e incorporações*. 4.ed. Rio de Janeiro, Forense, 1981.

_____. *Direito civil*: alguns aspectos de sua evolução. Rio de Janeiro, Forense, 2001.

_____. *Instituições de direito civil*: contratos. 13.ed. Rio de Janeiro, Forense, 2009. v. 3.

RODRIGUES, Silvio. *Direito civil*: dos contratos e das declarações unilaterais da vontade. 28.ed. São Paulo, Saraiva, 2002, v. 3.

RUGGIERO, Roberto de. *Instituições de direito civil*. São Paulo, Saraiva, 1972.

SARMENTO, Daniel. *Direitos fundamentais e relações privadas*. Rio de Janeiro, Lumen Juris, 2004.

SAVIGNY, Friedrich Karl von. *Sistema del derecho romano atual*. Trad. Jacinto Mesía y Manuel Poley. Madrid, Góngora, 1989. t. 2.

REFERÊNCIAS BIBLIOGRÁFICAS | 143

SCHREIBER, Anderson. *A proibição de comportamento contraditório*. Tutela da confiança e *venire contra factum proprium*. 2.ed. Rio de Janeiro, Renovar, 2007.

SENISE LISBOA, Roberto. *Manual de direito civil*: contratos. 4.ed. São Paulo, Saraiva, 2009. v. 3.

SERPA LOPES, Miguel Maria de. *Curso de direito civil*. 5.ed. Rio de Janeiro, Freitas Bastos, 1971.

SILVA, De Plácido e; SLAIBI FILHO, Nagib; CARVALHO, Gláucia. *Vocabulário jurídico*. 24.ed. rev. e atual. Rio de Janeiro, Forense, 2004.

SILVA, Jorge Cesa Ferreira da. *A boa-fé e a violação positiva do contrato*. Rio de Janeiro, Renovar, 2002.

SILVA, José Afonso da. *Curso de direito constitucional positivo*. 5.ed. São Paulo, Revista dos Tribunais, 1989.

SOUZA, Sylvio Capanema de. *A Lei do Inquilinato comentada*. 9.ed. Rio de Janeiro, Forense, 2014.

TEPEDINO, Gustavo. "Premissas metodológicas para a constitucionalização do direito civil". In: *Temas de direito civil*. Rio de Janeiro, Renovar, 2001.

_____; BARBOZA, Heloisa Helena; MORAES, Maria Celina Bodin de. *Código Civil interpretado conforme a Constituição da República*. Rio de Janeiro, Renovar, 2007.

THEODORO JÚNIOR, Humberto. *Comentários ao novo Código Civil*. Rio de Janeiro, Forense, 2003.

_____. *Negócio jurídico*. Existência. Validade. Eficácia. Vícios. Fraude. Lesão. São Paulo, Revista dos Tribunais, 1985, 780:11.

VELOSO, Zeno. *Condição, termo e encargo*. São Paulo, Malheiros, 1997.

VENCESLAU, Rose Melo. "O negócio jurídico e suas modalidades". In: TEPEDINO, Gustavo (Coord.). *A parte geral do novo Código Civil*. Rio de Janeiro, Renovar, 2002.

VENOSA, Sílvio de Salvo. *Direito civil*: contratos em espécie. 8.ed. São Paulo, Atlas, 2008. 3 v.

_____. *Direito civil*: teoria geral das obrigações e teoria geral dos contratos. 8.ed. São Paulo, Atlas, 2008.

_____. *Lei do Inquilinato comentada*: teoria e prática. 15.ed. São Paulo, Atlas, 2015.

WALD, Arnoldo. *Curso de direito civil brasileiro*: introdução e parte geral. 9.ed. São Paulo, Saraiva, 2002.

_____. *Direito civil*: contratos em espécie. 18.ed. São Paulo, Saraiva, 2002. v. 3.

ZAVASCKI, Teori Albino. "Antecipação da tutela e colisão de direitos fundamentais". In: TEIXEIRA, Sálvio de Figueiredo (Coord.). *Reforma do Código de Processo Civil*. São Paulo, Saraiva, 2001.